湛庐CHEERS

与最聪明的人共同进化

HERE COMES EVERYBODY

故事模型2.0

[美] 乔纳·萨克斯 著
Jonah Sachs

戚泽明 边冠男 译

Why those who tell-and live-the best stories will rule the future

Winning the Story Wars

浙江人民出版社
ZHEJIANG PEOPLE'S PUBLISHING HOUSE

测一测你的故事拉动力

一个好故事既能助益品牌战略，又能抓住受众的注意力。那么，你所讲的故事是否能拉动你的影响力？下面5道自测题可以帮你检查你所传播的信息。对于这些问题，你回答的“是”越多，就越能提升你的故事拉动力。

1. 你讲的故事中是否提供了时间、地点、人物、事件？

2. 你是否认同（或反对）你的故事角色所持的立场，理解他们的动机？

3. 你是否能从你的故事角色的经历中学到一些对自己人生有明确价值的东西？

4. 你的故事是否会给你留下持久的印象，无论是图片还是文本，都可以让你轻松回想起核心信息？

5. 你的故事是否会让你真正感受到一些东西，而不只是思考一些东西？

WINNING THE STORY WARS 目录

WINNING THE STORY WARS

Why those who tell-and live-
the best stories will rule the future

引言

寻找新的故事模型

我们如何讲出引人注意的故事、建立情感亲和力，并在这个注意力缺失、寓意贫乏、高度透明的世界里保持可信度？

从试镜现场回到家几分钟后，我的电话就响了。我默默许愿是导演打过来的，果然是。

“是乔纳吗？”

“我是。”我尽量平静地回答道。我担心他是一时兴起打来的，我刚刚燃起的对于镜头前职业生涯的希望，不想暴露在颤抖的声音里。

“告诉你一个好消息。我认为你很适合这个角色，但有一件事。”

“嗯？”

“我们不打算用你的声音，有人会给你配音。我喜欢你处理台词的方式，你的外形也很完美，但你的嗓音有点太——呃——太尖了。”

“太尖了？”我觉得刚才的兴奋被抽干了。

“你看啊，达斯·维德[①]本该是银河系中最可怕的家伙，但你表现得没那么可怕。”

① 《星球大战》中的重要反派角色。——译者注

我无法辩驳。导演路易斯·福克斯（Louis Fox）比我大一岁，这个 9 岁的小男孩，有相机，有油印的《星球大战》剧本，有一个不厌其烦开车送我们四处参加童子军活动的酷妈妈。逐个镜头地重拍《星球大战》正是他的主意，而我只是一个声音尖厉的三年级小孩。

“好吧，”我用尖厉的声音回答道，“我愿意做。”

不必惊讶，当年我们花了好长时间去做这个项目。路易斯和我花了一个夏天来研读人物面具的产品目录，然而根本就买不起；我们四处搜寻土堆，依然找不到一块合适的来充当我们粗制滥造的外星荒漠；我们也始终没办法说服路易斯的书呆子妹妹来扮演莱娅公主。

这个项目被搁置了二十多年。直到 2005 年，我们终于在网上推出了自己的《星球大战》视频。一年时间里，它获得了超过 2 000 万的点击量，还在世界各地的电影节上放映，也为我们吸引来了卢卡斯影业公司的一封影迷信。正如路易斯一直计划的那样，在这个视频中他得以为达斯·维德这个角色配音。只不过他不是给我配音，而是给扮演黑暗尊主的一个土豆配音。

我们的电影从一部长达两小时的经典科幻故事，演变成了一个只有 5 分钟的有机食品广告。我们给它起名叫《蔬菜沙拉版星球大战》，还给主角们起了蹩脚的双关语名称——黄瓜·天行者、丘莱花，当然还有臭名昭著的达斯·土豆。[①]虽然这并不是我们原本想要的，但是结果也不坏。

《黑客帝国》和《星球大战》为什么会成功

我在酒店房间来回踱着步，绞尽脑汁地想把正在准备的演示文稿变得

① 三个人物分别恶搞了《星球大战》卢克·天行者、丘巴卡和达斯·维德三个角色。——译者注

连贯些，二十多年前那通令人失望的电话浮现在了我的脑海里。我马上要给 500 个求知若渴的营销人才开一场讲座，他们是来寻找《蔬菜沙拉版星球大战》以及同样受欢迎的、揭露工业化肉类养殖之罪恶的姊妹篇《动物版黑客帝国》(又被译为《黑肉帝国》)，为什么能够如此成功的线索的?这些恶搞短片实验性地将娱乐和广告结合起来，通过互联网的传播，得以实现用很少的资金投入获得预期的爆炸性效果。众所周知，网上的免费发行和便捷的分享方式已经打破了传统媒体市场的壁垒，营销人不再需要买电视上的广告位或租广告牌就可以获得数百万的关注了。在 YouTube 还没出现之前，每个人都在设法搞清楚怎样利用视频在 60 秒内从默默无闻变成世界闻名。我们现在做到了，并且创造了互联网的一段历史——还是两次，但我全然不知究竟是如何做到的。

我想象自己站在宴会厅的舞台上，那两个倍受欢迎的视频投到身后的屏幕上，我发觉 29 岁的自己好像很适合“年轻的网络营销大师”这一角色。然而，我开口说话时听起来就好像 8 岁的自己。

“我们的广告能够成功是因为它们很有趣，”我尖着声音说，“能够成功是因为恶搞的是一些广受喜爱的知名电影，”还是尖着声音，“而且它们都不太长。”

我做工作一向是凭感觉，跟随自己的直觉去创造性地尝试各种让我兴奋的东西，却极少花精力研究工作过程，我甚至没有反思过自己的这种做法。这种工作方式一直挺适合我的，路易斯和我创立了一家关注社会变革的创意公司，且颇为成功。我们在推动权利意识、环境保护和企业责任等方面，已经成功完成了一些引人瞩目的项目。而我们却压根儿不知道，为什么在很多人都失败了的情况下，我们的项目会成为文化现象。在举办这场演讲之前，我甚至都没费心去寻找过答案，只是凭着直觉一直往前走。

我突然感到一股抱歉之情，这种感觉我认识的每个有创造力的人都经常会有。我感觉自己好像是一个骗子，骗取了偶然、随机且不可复制的成功。更糟的是，我觉得自己好像趔趄着登上了一个错误的舞台：我从不觉得自己是一名营销人，而且未来也没打算做这行。相反，我觉得自己是一个有创造性的人，有积极探究好点子的热情，也想分享自己的点子来使世界变得更美好。我那时还未意识到，当今媒体界前所未有的激烈的资讯竞争，使所有人都成了营销人。现在，任何想要拥有影响力的人，无论是为了推动社会事业，还是销售产品，或者仅仅是想改变人们的想法，都已经没有选择，只能走进媒体市场，欣然接受这个看似意想不到的新头衔。我现在已经接受了，但当时并没有。

我需要找到自己的定位，而且要快点找到。

我上网搜索了为我带来成功的那两个视频的原型——电影《黑客帝国》和《星球大战》，想看看它们到底有什么共通之处，为什么这么有影响力，以至于在上映多年以后，恶搞它们的短片都能获得数百万的点击量。

这次搜索改变了一切。就好像《绿野仙踪》里的那阵龙卷风一样，把我从黑白的传播学世界卷进了一片有无限机遇来实现成功的彩色世界。在这一过程中，也打败了我内心那个自我怀疑的恶毒女巫。

我发现，《黑客帝国》和《星球大战》这两部电影都有意按照古代神话故事的套路来编写，它们不过是几千年来一直存在于人类意识中的故事的最新改编。

好吧，我承认这个发现是很多人已经知道的东西。在创作剧本期间，为了避免文思枯竭，《星球大战》系列电影的创作者乔治·卢卡斯（George Lucas）读了比较神话学巨匠约瑟夫·坎贝尔（Joseph Campbell）[①]的著作，这已经是众所周知的电影花边新闻。沃卓斯基兄弟（Wachowski Brothers）[②]的《黑客帝国》三部曲，也严格遵循了坎贝尔的英雄之旅模式。当电影评论家、学者和故事讲述者早已注意到基于神话的叙事对文化意义的重要影响时，我还处在黑暗中。

通过浏览光怪陆离的科幻迷网站、阅读大量学术文献和古籍，我领会了神话学专家们做出的推断：**人类通过分享故事来提醒彼此是谁，以及如何行动。这些传说故事深深地扎根在我们的基因中，无论出生在何时何地，某些故事模型都会深刻地影响着我们。当我们听到基于这些模型的故事时，就会感觉自己更像是回忆起一些已经遗忘的东西，而不是在学习新东西。**

这类能引起共鸣的故事通常有一个并非心甘情愿的或者不太像英雄的人物，阴差阳错地误入了一段自我探索的危险征程，比如你可以想到的《绿野仙踪》女主角桃乐茜、《魔戒》主人公佛罗多或美国黑人民权运动先驱罗莎·帕克斯（Rosa Parks）。听这类故事不仅让我们感到愉悦，也潜移默化地影响着我们对现实生活中可能性的构想，因为每个人都是自己神话中的英雄。正如一个孩子希望他的父母去学习与他的新世界谈判，成年人也希望神话故事能指导自己复杂得多的生活。

我回想起 20 世纪 80 年代中期的那些日子，路易斯和我在纽约州北部

① 约瑟夫·坎贝尔（Joseph Campbell）：美国比较神话学大师，其著作《千面英雄》《英雄之旅》中文简体字版已由湛庐文化策划、浙江人民出版社出版。——译者注

② 2006 年，哥哥拉里·沃卓斯基（Larry Wachowski）变性，2016 年，弟弟安迪·沃卓斯基（Andy Wachowski）宣布变性，沃卓斯基兄弟变为沃卓斯基姐妹。——译者注

的一个后院里，专心致志地重建绝地武士的世界，以求获得迫切需要的力量来战胜原力的黑暗面。我甚至回想起更早的时候，我第一次看《纳尼亚传奇》（*The Chronicles of Narnia*），看到露西从迷人的魔法衣橱进入困境重重的纳尼亚世界，彼时 6 岁的我开始明白，总有一天我也要离开父母，离开家庭的避风港，并通过努力让世界变得更好。

回到关于《黑客帝国》的探究中，我意识到我们从电影里借用的隐喻是多么完美：毫无疑问，社会中的很多弊病，包括我们制作的视频中提到的工业化农场，可怕到只有大规模的文化迷雾才能够隐藏它们——就好像电影中的“矩阵”控制下真实的人类世界一样。

这些故事不仅讲述了英雄们如何大展身手、攫取宝藏，更是记录了社会的变迁，讲述了人性如何战胜暴虐、自然世界如何战胜冷漠的机器、人们如何对抗堕落并恢复社会伦理。权利、环保、企业伦理，这些正是我作为一个怀有社会意识的广告商，需要去为之战斗的。

许许多多流传下来的、塑造了人类文化的故事，都讲述了一件事情：人类发挥最大潜力，努力地创造更美好的世界。如果说时间是验证成败的试金石，那么合乎这一准则的故事则在成就伟大方面占据着统治性的地位。

事实证明，一小部分故事讲述者已经了解或至少意识到这一切，他们依照上述准则塑造的品牌、娱乐和政治信息，成功地突破了繁杂的媒体世界而成为传奇。这些故事讲述者正在实践的艺术已经发展为一股安静却足够强大的反作用力，去对抗那种利用人的恐惧和不安心理进行营销的方式。他们正在创造一种强大而正面的营销方式，而我也不知不觉地成了其中一员。

那天在酒店里，在得到最直白的提示之后，我终于有所顿悟，可以开始解释我在讲故事方面的成功。我强烈地感觉到，自己正在慢慢回想起一些极其熟悉却遗忘了很久的东西。伴着这种感觉，我不再阅读网上的资料，而是点开演示文稿，删掉了所有杂乱无章和半成型的讲解，然后重新创建了一张空白幻灯片，在中间放了一颗红色胶囊，就是《黑客帝国》里尼奥选中吃下去后看清了真实的世界的那颗。然后，我为在楼下等待着的观众，即兴准备了一份新版“福音书”，并从那天开始极力传播。它的内容大概如下：

> 我们生活在一个与传统神话失去联系的世界，而现在需要找到新的神话——我们是人类，失去了神话的人类注定要去找寻。
>
> 这些神话将塑造我们的未来：我们如何生活，我们做什么，我们买什么。这些神话会触动所有人，但并不是所有人都能够书写神话，那些书写神话的人注定拥有强大的力量。
>
> 有权力的地方，就有人为之争斗。这就是为什么表象之下，经验不足者正在进行着令人毫无察觉的无形战争。这些战士是茶党的示威者，也是占领华尔街的那“百分之九十九”，是气候变化活动家，也是电脑和运动鞋品牌制造商。他们看似是为了赢取想法和财富，但实际上是在努力赢得操控故事的权力。他们当中最强大的人深知如何让人信服他们故事的真实性，他们正将其他对手杀得片甲不留。
>
> 这些就是关于故事的战争，我现在邀请你参与其中。理解故事战争，可以让你成为更有效的沟通者和更精明的媒体人。
>
> 但这不是我邀请你的唯一原因。我想要你参与到故事战争中来，因为我们的世界在很多领域都面临亟须摆脱的困境，比如经

济、社会和环境问题。能否设想出并传播摆脱困境的方案，取决于能否讲出伟大的故事来激励人们改变思考方式，这一点可以说最重要也最紧迫。

升级你的故事拉动力

这本书在某种程度上也是我探寻自己的成功模式，以及几千年来那些重大营销活动模式的历程。在写作的过程中，我学习了社交媒体的前沿手段，以及历史上有关市场营销的经验教训，发现了新的故事模型，希望能升级你的故事拉动力。但是，模型只有在能够启发人而不是扼杀创造力和天性的时候，才能够称得上有效；如果你想在书中找到一成不变的方案来讲好故事甚至拯救世界，那恐怕是要失望了。相反，本书旨在提升你的洞察力和理解能力，它同时也是你的向导，帮助你跨越障碍，在自己独特的英雄之旅为人聆听时能鼓起勇气。正是本着这种精神，我邀请你加入此次冒险。

本书的第一部分将谈及广播时代的遗留产物，广播时代定义下的媒体市场已经延续了一个多世纪，阻碍着故事模型的发展。第 1 章我们将探讨当今的媒体格局：广播时代让位给那些意外保留了一些古老特质的全新事物。第 2 章我们将对那些妨害我们讲故事的常见的、公认的营销语言进行审视，因为我们要在上路之前知道是什么在阻碍我们前进。第 3 章将探讨社会需要新的神话，而作为现代神话创造者的营销人，历来都是在满足这一需要。在第 4 章中，我们将看到营销人的角色是如何被滥用的，揭示那些精心设计的利用恐惧、贪婪和虚荣等人性弱点，来支配思想和信息的蹩脚把戏。这种曾被心理学家和政治领袖预言为确保世界和平之最有效方法的把戏，已经导致全球陷入生态、经济甚至精神危机的困境。故事模型 1.0 已经不能为营销人或社会服务了。

本书第二部分为解决方案指出了明确的道路。这条路不是让我们仅仅为下一次营销活动潦草创作一些肤浅的故事，它显然要深刻得多：不仅需要我们质疑自己的核心品牌战略，甚至还要反思整个企业的运营。通过利用精心设计的故事模型 2.0，我们就可以采用永不过时的讲故事技巧，来抓住用户的注意力，提升用户的忠诚度。

故事模型 2.0 是一个非常简单的公式，任何人都可以利用它为企业或自己的事业制订故事策略。这个公式自创世伊始就从故事讲述者的智慧中提炼出来了，但目前来看，似乎早就被遗忘了。对于那些想要重新找寻它的人来说，这个智慧在 1895 年由营销领域第一位伟大的讲故事者、现代广告之父约翰·鲍尔斯（John Powers）所提出的“三条戒律”中得到了保留：讲真话、要有趣和践行真实。这些戒律在这个时代稍作改良，就可以指导我们讲出引人注意的故事、建立情感亲和力，并在这个注意力缺失、寓意贫乏、高度透明的世界里保持可信度。

在第 5 章和第 6 章中，我们将把优秀神话的共同结构看作是构建故事模型 2.0 的第一步。神话总是用特定的语言来讲述关键真理。它们指明核心价值，树立明确的故事道德，为故事人物创造一个引人注目的神庙，并号召观众采取行动，发挥自己的最大潜力。在第 7 章中，我们将介绍人类大脑的工作原理，打造故事模型 2.0，使之能够在注意力转瞬即逝的当今世界吸引并抓住人们的注意力。第 8 章探讨了讲故事的风险和机会。寓意深刻的故事会创造意义深远的期望，而在信息透明的新时代，品牌必须能真实地体现它们的故事，并用故事中的道德来约束自己，而不只是约束观众。品牌在践行自己所讲的故事时承受的压力，也可以被看作一种变革和一种积极的力量。它会将营销人转化为创新代理人，让品牌故事成为引导品牌在现实世界中变得更有责任感的强大力量。这是一个营销人可以实现的良性循环，有助于塑造更好的企业和更好的世界。

在深入介绍故事战争的迷人景致之前，我要提醒你，故事战争本身就是一个神话。像所有的神话一样，它也没有对现实世界进行详尽的调查。相反，故事战争神话帮我们厘清了这个混乱而瞬息万变的世界，让我们可以用信心而非恐惧或绝望来面对这个世界。在不确定的时代里，这一直是神话需要扮演的角色，而我们现在比以往任何时候都更需要一个好神话。

虽然在整本书中，我把大家都看成是营销人，但我也希望你能单纯地从人类的视角来看待故事。故事的强大力量，不仅仅在于可以塑造社会，也在于能够塑造个人的人生。毕竟，每个人都是自己生命之旅的英雄，谱写着心理学家所谓的属于每个人的神话。在重新审视如何赢得故事战争时，我相信具备专业素养、力求影响他人的营销人一定可以发挥重要的作用，来改变严重破坏了人类和世界的媒体格局。本书是一封邀请函，邀请你成为一个英雄，加入到争取更美好未来的奋斗中；同时，你也可以在自己人生的故事中找寻到更深刻的意义和满足感。

WINNING THE STORY WARS

Why those who tell-and live-the best stories will rule the future

第一部分

故事模型 1.0 为什么失效了

WINNING THE STORY WARS

Why those who tell-and live-
the best stories will rule the future

01

成功在于讲出伟大的故事

故事的力量可以从根本上改变人们的行为，让人们尽管惧怕改变，但仍愿意换一种方式来思考或消费，这就是传播的意义所在。

GLENN BECK
ME
WE
Me
THE STORY
PROJECT
IBM
WWF
Coca-Cola
FOX NEWS
Channel

开口说话的那一刻，你的话语就会有被噪音和喧嚣淹没的风险。每个美国人平均每天要被 3 500 条商业信息冲昏头脑，世界各地的媒体市场也都在全速追赶这个数字。收件箱里塞满了各种不需要做出任何响应的订单和捐献链接，收件人简直迫不及待想把这些信息删除。

通过社交媒体工具和按需观看功能，人们可以选择讽刺、嘲弄或忽略这些信息，抑或心血来潮把它们直接转发给品牌的潜在受众——这也是当初营销人不惜花费上百万元想要获取的特权。在广播时代，被神化了的少数人可以明码标价地购买注意力，而这个我们曾经熟悉的时代已经濒临崩溃了。营销人现在必须面对这样一个思维战场：大多数信息为了能得到公众的注意力而奋力抗争，但最终只能被拖回到混战中瓦解。格伦·贝克（Glenn Beck）和安妮·雷纳德（Annie Leonard）关于美国人生活意义的争论就是其中一个例子。①

梅西百货公司和花旗集团前广告总监布莱德·杰克曼（Brad Jakeman）

① 环保活动家安妮·雷纳德出演的批判过度消费的动画短片，被电视主持人、政治评论家格伦·贝克指责为“毫无真实性的反资本主义的故事”。——译者注

总结了今天营销人的共同挫败之处:“极具讽刺意味的是，虽然现在吸引消费者的方式前所未有的多样，但与消费者建立起联系也是前所未有的困难。”

对于想获得更多注意力的营销人而言，习惯性遵循的旧途径正在快速消失。对许多营销人来说，这可谓是个糟糕的体验，而恐惧也是有根据的。如今，首席营销官的平均任期是22个月。“众包”概念的网上商店能在一夜之间为普通人提供商标、品牌和营销活动的设计方案，公然挑战未来营销格局中专业人士的地位。在线广告公司提供算法和精准数据，这些技术可以将创意这一必要性完全排除在外。尽管如此，无论是旧模式还是新模式，都无法取代彼此为潜在受众持续提供沟通的渠道。

在这些压力下，我们必须尽一切努力直面一条深深的鸿沟：一边是观众比历史上任何时候都更加善于怀疑和抵制；另一边是观众在受到鼓舞时愿意并能够传播自己喜欢的信息，为那些赢得他们喜爱的人形成病毒式的传播效应。我们本应通过建立交流来填补这条鸿沟，但很难找到一个通用模式，因为利用观众获得的成功，其本质就是不能简单地模仿，也不能用钱买到。填补鸿沟给了营销人一个似乎不可能达到的要求——不断创新和保持原创，并在想要影响的人的心中占有一席之地。本书就是在探讨填补这条鸿沟唯一有效的战略方法：讲述伟大的故事。

媒介格局的演变

在一百多年广播模式的思维方式中，营销被认为是对大众真正想要的内容的一种可容忍的入侵。现今，广告行业的杂志上充斥着顶尖营销人完全退出行业的文章。没错，现在确实是危急关头，但同时也是一个绝佳的机遇。市场营销现在有机会扮演一个比“生活入侵者”重要得多的角色，而营销人要改变很多坏习惯才能实现这一点。

作为营销人，无论是出售产品还是出售创意，现在所沿用的手段都是过去百年间被电视业、老旧的公关渠道及其他付费媒介侵蚀过的，这些都让营销人陷入了创造力僵化和在营销活动中受他人支配的困境。广播模式现在已经濒临消亡，但即使我们都意识到广播模式正在不可遏制地向点对点的社交媒体转型，却很少有人去领会这意味着什么。

我的看法是，这意味着：过去几百年在人类经验中占主导地位的口头传统正在报复性地回归，带来一个里程碑式的、划时代的、完全出乎预料的历史转向。

你大概会想：口头传统？怎么可能呢？随着多媒体文本、即时消息和 Facebook 状态更新，人们对口头沟通的依赖不是远远低于从前吗？没错。但是，新的信息共享的数字文化已经拒绝了广播风格，并接纳了口头传统的关键要素，因此我们可以巧妙地将接下来的时期称为“数字口述时代”。虽然这个新时代无疑同时具备广播传统和口头传统的特点，但从口头传统中借鉴的比广播传统更多，我们接下来展开探讨一下。

广播传统

我所说的“广播传统”，指的是从电视上溯到广播，再上溯到 15 世纪中期古腾堡印刷第一本《圣经》的这段历程。在这个模式里，信息产生于创作者的思想中，同时很快就转移到一个极少人能够接触到的机器里，例如凸版印刷机、无线电发射机和电视摄像机。因为这些设备都很昂贵，所以接触到它们的机会也极其难得。这意味着一个信息把关人能够决定哪些想法可以存在，哪些应该快速消亡。把关人可以是牧师、出版商或者电视台台长，得到他们的认可，通常是广播信息需要跨越的最大障碍。一旦信息被认可，就能够找到相当大规模的受众。

广播媒介的内容一旦经过处理，就会明确属于它的创建者和发布者，更重要的是，它是固定不变的，要改变它很困难，通常也是违法的。观众不会阐释、拆解和重述媒介内容，也永远没有所有权，他们只消费。所以当一个营销人把他的受众称为“消费者”时，很可能还在用广播从业者的方式来思考。

在 1990 年，营销人可以花费一笔可观的也可预测的费用，在《欢乐酒店》(*Cheers*)[①]剧集中购买 30 秒的广告，并保证有超过 2 000 万名收视观众。那时候录像机还没有普及，观众也不会在电视剧的中间休息时段查收邮件，大家要么是去冰箱里取可乐，要么就是在看广告。最令人放心的是，节目内容本身十分依赖营销人的支持，绝不可能与营销人想传达的信息有出入或相悖。能够承担得起这些广告的营销人有大把的方法，让观众只花很少的注意力也能清楚地留意到广告的内容。营销人可以选择营造一个观众十分开心、对产品十分满意的画面（软性推销），也可以提供诱人的优惠活动，或者借助产品比较的方式，例如曾经的“百事大挑战”（硬性推销）。营销人甚至可以将产品包装成一个简短的故事，来支撑其中任意一种策略。总之，那个时代是这些旧策略的好日子。

由于存在价格高昂的准入门槛，广播传统让营销人的生活十分简单安逸。通过人为选择发表的内容，营销世界的思想与创意体系慢慢被整合得与现代工业化农场如出一辙——单一、可预测、可控。

---

① 1982—1993 年在美国播出的情景喜剧。——译者注

口头传统

口头传统中的想法看起来像达尔文在《物种起源》中描述的“树木交错的河岸”[①]——混乱、兴盛、摆脱了人为选择、遵从适者生存的规则。

在口头传统中，想法同样开始于创作者的思想，但它们传播给观众的途径则不规范得多。口头传递中的想法不是通过精密设备进行复制和传播，而是需要自我复制，从一个听众的脑海传递到下一个。

进化生物学家理查德·道金斯（Richard Dawkins）曾提出著名的“模因”理论[②]。这个概念能够帮助我们理解信息如何在口头传统中留存或消亡。模因是文化信息的单位，或者我们可以把它的概念简化为“想法”，它在人类大脑中的运作就如同基因在身体中的作用一样。当模因通过人与人之间的沟通，将自己从主人的脑中复制给另一个人时，会不断改变和适应，而非完全复制。它们会变异，因此虽然每一次的复制都互相关联，但是如果改变太多，原本的意图也可能会丢失。模因之间也要为了生存而竞争，因为人脑能容纳的信息量是有限的。如果一个模因在复制之前就被遗忘了，那么它也就消亡了，只有最令人难忘、令人信服和适应能力强的模因才能幸存下来。在自然世界中，模因或者说想法要想存活下来，必须让倾听者保持兴奋以继续传递它们，从而在信息的传播链中携带不变的核心信息。

那么在口头传统的不确定性中，能够让模因有趣的最持久方法是什

① 原文如下：“凝视树木交错的河岸，许多种类的无数植物覆盖其上，群鸟在灌木丛里鸣唱，各种不同的昆虫飞来飞去，蚯蚓在潮湿的泥土里爬过，并且默想一下这些构造精巧的类型，彼此是如此相异，并以如此复杂的方式相互依存，而它们都是由于在我们周围发生作用的法则产生出来的，这岂非有趣之事。”——译者注

② 文化资讯传承时的单位，比较公认的定义是：“一个想法、行为或风格从一个人到另一个人的文化传播过程。”——译者注

么？很简单，只要问问自己：在那些口头传统的文化中，有哪些信息被完好无损地保存了下来？答案当然是故事。尽管经过了数千年的岁月，那些美洲原住民、古希腊人、中东的闪米特人、埃及人和中国的神话故事仍然令人惊奇地保持不变。你即使从来没有研究过这些古代故事，可能也非常熟悉它们的情节线，因为当今许多流行的电影和书籍的基础都源自它们。

这些故事是强大的模因，它们大多数远在文字出现之前就已经存在了，而文字出现以后，成了记录故事的新工具，但同时口头传播也继续进行着。

在口头传统中保持一个想法的含义完好无损，远不像在广播传统中那么容易，口头传统中的想法没办法保持长久不变，每个想法的承载者都可以全权拥有这个想法，也因此可以调整它、评论它，或者将之与其他想法联系起来，可以将其转述给朋友或任其消亡。这似乎使口头传统的世界充满不确定性，并难以掌控，因此市场营销领域可能会对这种混乱和支离破碎感到无望，但这种无望其实是毫无必要的。

几千年来，在想法从一个头脑传到另一个头脑的过程里，自然选择显然对某些生存策略更加青睐。记录想法的化石就像操作手册一样清晰可读，那些有价值的想法被巧妙地融入精彩的故事里，寓意完好无损。

如今，我们在当代营销中发现的故事类型与那些古代神话并不一样，那么当我提到“故事”这个概念时到底在指什么？下面的故事定义，能够帮助我们更好地理解故事战争。

> 故事是一种特定类型的人类沟通方式，旨在说服观众接受讲故事者的世界观。讲故事者通过将真实或虚构的角色置于舞台之

上，并展示在接下来一段时间内这些角色会发生什么。每个角色都按照讲述者的价值取向来追求某个目标并直面征途上的困难，他们的成败取决于讲故事者对世界运作的看法。

我们喜欢听好故事，因为故事中的角色可以作为榜样，他们的命运强烈地暗示着如果我们遵循类似的道路，将会有怎样的事情发生在我们身上。

讲述人物从诞生到死亡的故事是宏大的史诗，正如我们在《圣经·新约》中发现的那样。故事也可以塑造一个单一场景，例如一个不修边幅的牛仔，嘴上叼着根香烟，毫无疑问地生动勾画出了美国旧西部的生活图景。故事的定义并不取决于讲故事的形式，任何时候，如果你发现某个人类角色的作用远比现实里或预想中重要得多，或者你吸取到了一个可以应用于自己人生的经验教训，那你应该知道，自己正在被"故事"这个不同寻常的工具所劝服。

故事统治着口头传统这个世界里树木交错的河岸，而讲得好的伟大故事将会统治如今新兴媒体市场的荒野。

数字口述时代

回到今天这个信息繁杂、收件箱爆满、社交媒体狂热的世界，下一次你将创意或活动推向市场时，可能会选择将之发布到 Twitter、Facebook 或 YouTube 上，依靠粉丝把你发布的内容传播开。就算你自己不去传播，也总有人会的。当观众掌握了你发布的信息时，他们会将这些信息上传到自己的主页上并加以解读、评价或议论；也可能会在自己的博客上创建链接，结果可能是轻微偏离活动主题，也可能是彻底的颠覆。如果你的作品能够抓人眼球，观众可能会为其配音，对其恶搞，或者直接偷走自用。你可以邀请观众做这些事，看他们是否乐意如此，而这足以衡量你的作品是否成功。

你看到口头传统与新的数字化格局之间的联系了吗？如今的创意想法永远不再是一成不变的：任何人都可以拥有和修改它们。这些想法按照参与者的意愿在网络上传播，如果没有这些人的参与，想法也就消亡了。这就是所谓的“数字口述时代”的崛起。

很多人认为这是一个秩序已被破坏的格局，可它同时也蕴含着丰富的机遇，为了在这个格局中生存下来，我们再也不能把受众视为被动接受推销信息的消费者了，而是应该将他们看成是合作伙伴。作为合作关系，我们也不应再使用过去那些讨人厌的操纵性销售手段来冲击受众的生活。这算不上什么新闻，我们现在都已经明白了需要把故事讲得更好，但是在最初爆发的激情过后，大多数人的努力都以苦涩的失望而告终。因为如果你只浮于表面地在故事人物、冲突和情节方面加入一些老旧的战术，最终也只会让深感厌倦的受众打一个哈欠。

在数字口述时代取得成功的故事，与过去口头传统时期的故事一样，都要面对适者生存的准则。它们会在传播过程中饱受打击、遍体鳞伤，因此核心信息必须足够强大、足够有韧性、足够引起共鸣。在故事战争中获胜的故事并不仅仅为了娱乐大众，同时也意义深远。

学会讲有意义的故事，能够使你身处全民混战的数字口述时代也不再紧张窒息，相反，你将帮助受众了解他们自己和所处的世界，你会拥有一支传播福音的军队，而且发现自己置身战斗的中心。走进一个可以创造意义的世界，意味着踏入一个故事之间存在竞争的高风险战场。要在数字口述时代茁壮成长，我们必须做好准备，去理解并加入故事战争。毕竟，伟大的故事和巨大的冲突始终是不可分割的。

故事与冲突

“没有冲突，就没有故事”，你的高中语文老师也许这样教过你。如果没有人物之间或不同力量之间的相互对抗，就不会有情节发展，不会有转折，也因此不会有故事发生。但要了解故事的战争，我们必须知道一个更加重要的秘诀：没有故事，也就不会有冲突。

故事就是人类对自己经验的整理和叙述，以便其他人聆听和学习。故事帮助我们剪辑不相关的细节，为每个结果找寻缘由，并为我们所看到、感受到甚至想象中的一系列事情赋予意义。由此，在混乱而无意义的体验之中，秩序得以建立。

讲述和相信同一类故事的人，往往也持有相同的价值观和世界观。一个世界观其实正是一系列故事的总和，说明了事情如何发展成它们现有的样子，以及人们应当如何应对。因此，一个好的故事是人类创造自我意识的基本要素。共享故事，共享价值观，共享世界观，由此才产生“我们”这个群体概念。

再次回到“冲突”的概念上：没有故事就不会有冲突，因为没有“我们”的概念，就没有与之对应的“他们”，而如果没有“他们”，我们和谁冲突？重要的故事一直是人类历史上冲突的根源，在数字口述时代，故事战争与以往一样激烈。不久前，我就发现自己身处福克斯新闻的一场激战之中。

WINNING THE STORY WARS 故事思维

格伦·贝克与安妮·雷纳德的故事之战

格伦·贝克在摄像机前笑着晃了晃手里的一团纸。“我闻到的是硫黄味吗？”然后他闻了一下手里的纸团，“没错，应该是。”

贝克那独角戏式的媒体帝国正在做战前热身，他像一个正在慷慨激昂召集军队的司令一样。几个世纪以来，人们为美国的国家精神争论不休，而贝克的名字就要写进这场争论的最新篇章了。超过200万美国人正拭目以待，看贝克如何用他宏大的叙述方式来播报今天的新闻：对一部名为《东西的故事》的短片进行评论。他仿佛在片子中找到了魔鬼的作案痕迹。

魔鬼当然没有参与制作《东西的故事》，对于这一点我很确定，因为这部时长20分钟、揭露过度消费恶果并在网络上爆红的短片，是由我的工作室制作的。但这部短片究竟是诞生于一位作为单身母亲的环保活动家（事实确实如此），还是出自魔鬼的邪恶内心，其实并非争论的重点。

贝克的巨大成功归功于这样一个事实：他像那些口头传统中伟大的故事讲述者一样，为追随者建立了一套强大的世界运作模式；在这个日益疏离和混乱的世界，贝克编排的叙述方法为他的追随者提供了相关的阐释、寓意和引人入胜的故事，就如同那些缔造帝国的古代神话一样。那些充满激情的英雄和可怕的反派，以及不论是过去、现在还是未来的所有事件，都可以用贝克的神话语言来诠释。所以在他的神话中，《东西的故事》的主持人、主张政府更加积极地保护环境的安妮·雷纳德，则成了与黑暗势力沆瀣一气的角色。

贝克根本不需要解释《东西的故事》讲的是什么，他知道他的粉丝懂他在说什么，因为他在自己的节目里已经提及不下20次了。“它（《东西的故事》的主张）会进入你们的基督教教堂和犹太教会堂，有些听上去很棒。但说实话，其中还有一些则是事实与邪恶的混合。”

我大可以嘲笑贝克的故事，或者像其他人一样说他是个阴谋论的疯子，但这并不是我的意图。诚然，他把我的毕生工作说成是邪恶的阴谋很让人气愤，但是一旦你理解了这件事背后所隐藏的故事，他的做法就完全说得通了。对于这个故事，他有绝对的掌控权：贝克宏大的叙事方式是他个人品牌的基础，也是政治评论界最有价值和影响力的力量之一。我所感兴趣的不是贝克的世界观，而是让他获得如此空前成效的故事策略。如果你想在沟通方面取得突破性的成功，也应该关注这一点。

贝克是一个营销大师，如果要把他归入某个营销类型的话，他也一定是同类型中最成功的。截至 2010 年，他每年从写作的书籍评论文章中收益 1 300 万美元，从广播节目中收益 1 000 万美元，从大型活动中收益 300 万美元，以及（在福克斯新闻频道的聘任结束前）从电视节目中收益 200 万美元。平均而言，录像机记录贝克节目的频次远高于其他任何有线新闻节目。此外，在帮助美国共和党取得 2010 年竞选胜利的茶党运动中，他也是中心人物。如果你只把贝克视为新闻播报员或政治人物，那你肯定是没抓住重点。

“我是一个品牌，”贝克曾对《福布斯》杂志说，“如果你不能在当今世界做到无处不在的话，是没办法产生影响的。”极少有营销人能够像格伦·贝克一样无处不在。正是因为贝克是一个品牌，他的成功经验才可以应用于从零售业到社会事业的各种品牌。

安妮·雷纳德则是个不喜欢被归类的营销人，一个在数字口述时代取得成功的典型代表，带来了同样有价值的经验。表面看来，雷纳德根本不是营销人，而是一个偏执于垃圾问题的环保活动家。她举步维艰地开始营销生涯，迫切地想把自己的研究成果传递给大家，却没有任何可以借助的资金或平台。雷纳德花了十年时间来研究这些最终会成为垃圾的“东西”是在哪生产的、会被怎样使用，以及它们一旦变成垃圾被丢掉意味着什么。她的调查包含一大堆事实、数据和逸事，还有对物质经济无比清晰的条分缕析。她知道这个运作系统在走向失控，但其他人好像并不在乎。

有一天，一个朋友委婉但坚决地建议雷纳德不要再声嘶力竭地喊叫出事实，而是用一种正常人能理解的语言讲出来。这个建议让她醍醐灌顶，让她意识到，必须把她所了解的内容带入普通人的认知范围，要把她的咆哮变成一个任何人都可以领会的、易于描述的故事，而不再是统计学的语言。把想说的内容与人物和情节冲突相结合，在处理全球经济体系这样抽象和无形的东西时显然并不容易，雷纳德需要把大量的数据和复杂的关系塞进故事的格式里。但当她接受挑战、尝试做出改变之后，人们确实开始关注她了，不知不觉中她也开始讲述伟大的故事、讲述自己的神话。一个投资者十分喜欢雷纳德的故事，愿意出钱将之改编成适合互联网的形式，让任何人都可以看到。

我的工作室接下了这个项目，把安妮·雷纳德 60 分钟的演讲变成了 20 分钟的简笔画卡通片。事实证明，这部短片很吸引人。每天有数百万视频上传到互联网，其中大部分都被立即忘记，但是《东西的故事》几乎在第一时间就突破层层繁杂和喧嚣脱颖而出。在发送给一些博主、好友和雷纳德为数不多的战友们之后，视频得以广泛传播，从第一周 5 万的点击量增长到 2012 年的 1 500 多万。这部短片帮助雷纳德建立了自己的媒体帝国，她写的《东西的故事》[①]登上了《纽约时报》畅销书榜单，短片在超过 1 500 间教室里被放映，并建立了一个支持者多达 20 万的、蓬勃发展的非营利组织。

格伦·贝克在美国有线电视新闻网络和福克斯新闻频道的帮助下成了一个重要的偶像人物，而雷纳德在几乎没有外力支持的情况下也成了一个小偶像。在这场争斗中，无论是制造硫黄味的雷纳德还是嗅到它的贝克，都取得了出乎意料的成功。理解了这种成功，你就会认识到故事在数字口述时代的强大威力；理解了为什么堪称“世界上最有影响力的媒体”的福克斯新闻要投入大量资源来对抗一个连官方平台都没有的网络活动家，你就会认识到故事战争的紧迫性。

① 《东西的故事》中文简体字版已由湛庐文化引进策划、浙江人民出版社出版。——编者注

解码品牌故事之战

故事战争的概念为我们提供了一个强大的透镜来研究这里发生了什么。透过镜片，我们可以解码战争，并学着炮制所有以故事为本的大品牌。

打造品牌故事的第一步是阐明故事的寓意。故事战争的获胜者都有一个单一而令人信服的信息，作为每次交流的关键信息。良好的道德是简单、可重复和难忘的。对于国际特赦组织来说，故事寓意是“如果有人监督，侵犯人权的罪行就无法实施”；对于耐克来说，则是“通过努力和决心，任何人都能做成了不起的事”。你应该大概领会了，在上千个品牌讲述的故事背后，都隐藏着这样的精神主旨。

接下来，这些故事讲述者会清楚地界定他们的英雄和反派，以及两者之间的冲突，以展示他们的故事如何在我们的生活中展开。而且这些故事会邀请观众成为这场冲突的关键角色，并帮助打破旧有世界，建立一个更好的世界。

如果人人都这样做，品牌就会成为一系列阐释、寓意和故事的载体。换言之，故事讲述者创造出了能引人注意并鼓舞行动的神话。当具有影响力的各品牌提供的阐释、寓意和故事之间有所冲突时，战争就会爆发。这就解释了为什么格伦·贝克希望他的追随者认识到安妮·雷纳德的信息是邪恶的。让我们用故事战争的透镜来分析一下这些营销大师之间的矛盾。

在《东西的故事》中，安妮·雷纳德从个人体验的角度，以幽默而简洁的方式带观众进行了一次物质经济之旅。一路上，我们了解到，生活中的所有东西都带有巨大而隐蔽的价格标签。雷纳德揭示，随着消费在20世纪50年代开始呈爆炸式增长，美国的国民幸福指数从彼时开始一直在下降。“我们正在摧毁地球，”雷纳德说，“而这个过程并不有趣。”

对消费文化迎面展开攻击，对许多人而言肯定是逆天悖理的行为。像雷纳德这样在质疑经济增长是否是件好事时，就是在质疑有关社会经济体系及其目的的一些最基本假设。

从表面来看，人们可能觉得贝克与雷纳德的这场冲突是因为贝克捍卫物质主义，并且认为经济增长的好处无可争议。我原本也认为是这样，为了检验我的推测是否正确，我翻开了贝克最畅销的政治惊悚小说《奥弗顿之窗》(*The Overton Window*)，这才发现我的推测和真相简直是南辕北辙。《奥弗顿之窗》这本书讲述了一个彻底摧毁美国的阴谋，而这场阴谋是由一位名叫亚瑟·加德纳的营销人策划的。加德纳展现出了高超的操纵公众的能力：将灌输消费主义理念作为实现全面控制的垫脚石。

如此看来，贝克与雷纳德似乎观点一致，都认为消费主义确实能够控制公众，但真正涉及故事战争时，表面上讲的故事其实鲜少与行动一致。人们在精彩的营销活动中的反应如何，如何围绕此建立自己的生活，这些都不是浮于表面的细节，而是关乎每个品牌故事创造的道德观，以及践行此道德标准的那些可爱的故事角色。安妮·雷纳德和格伦·贝克之间的战斗并不是关于两个人对待物质主义的看法，而是关于美国的意义。

在我的“格伦·贝克热衷于物质”的假设被《奥弗顿之窗》否定了之后，我意识到我需要深入研究这个冲突的根源，于是我邀请雷纳德共进午餐，想和她谈谈《东西的故事》到底在说什么。雷纳德向我解释：“问题在于，我们都强调以自我为导向，忙于专注个人而完全忘了关注整体。如果我们能够留心他人，而不是仅仅追求得到尽可能多的东西，我们的生活质量可以更好。”这是雷纳德的故事寓意，她的故事里的英雄和反派以及情节冲突都是建立在此寓意之上的。在她讲的故事里，问题始于鼓励个体追求成功的自由企业制度失控了。那些失控的公司和想搭便车的腐败的政府官员作为故事反派，总是贪得无厌。英雄一直都是普通人，他们决定放弃消费者的标签来担当自己作为公民的角色。这些角色不再是抽象的概念，而是变成了可爱的火柴人，让我们想要碰碰或抱抱他们。

雷纳德的英雄就是她的观众，是有责任感的公民，她为这些人展开了一段清晰的旅程。她将这两个角色绑在一起，寄望能赢得政府的力量，使其成为失控的市场体系中集体意志的调控者和必要的平衡力量。作为回报，雷纳德的观众纷纷传播这个故事，或者在粉丝网站上设置投票，甚至制作传达相同信息的视频——这些表现都是在数字口述时代成功的标志。

雷纳德将她现在的偶像地位归功于在营销活动中有个一气呵成的神话，将阐释、寓意和故事情节完整展示给了观众。阐释部分介绍了观众之前完全没留意过的物质经济是怎样运转的；寓意部分告诉观众这个体系并没能提高幸福感，所以需要找寻超越消费之上的深层意义；在故事部分，她把抽象的经济理论描述成了一个由反派、英雄、冲突和高额赌注构成的世界，而这赌注高到关乎人类如何在地球上幸存下来。

我也邀请了贝克共进午餐，可惜他不愿意来。但他的神话很容易从他异常统一的工作模式中解码出来。他的品牌故事也具有明确的寓意，几乎就是雷纳德故事寓意的镜像版："追求个人的利益是自由和美德，追求集体利益是暴政。"

贝克的故事通常以相同的反派角色开场：进步主义或"进步癌"。而进步主义的代表人物通常有奥巴马、小布什以及伍德罗·威尔逊（Woodrow Wilson）总统。进步派人士的罪过，在于将人民的意志或者是国家的意志看得高于个人意志——安妮·雷纳德恰好也是如此。

贝克神话中的英雄是那些充满个人主义精神的普通美国人，作为集体主义终极工具的国家阻碍了他们的发展，这就是贝克要他的粉丝们揪出进步主义的原因。这个美国故事可以追溯到开疆拓土的移民身上，这些人的筚路蓝缕植根于美国人的民族意识中，他们不断受到来自东部城市的精英的威胁，而这些精英早已无可救药地忘却了先驱者的神圣使命。

贝克写道："我们的开国元勋们认为，国家的权力应该被限制，而进步派人士则认为，为了更伟大的集体利益，个人才应当被压制。两者之中有一个最终将赢得胜利，这将决定未来几代人如何生活。"

在这里，我们也发现了一个神话应具备的所有要素和一个能够引起共鸣的故事。当贝克在每天的节目中，把写着自己世界观的小黑板摇出来准备播报时，他带给观众的不仅仅是新闻，还有阐释、寓意和故事，也就是一个以此为生的神话以及参与到故事中的"我们"。他的阐释：美国是由进步派精英和真正热爱自由的美国人之间的争斗所定义的；他的寓意：参与这两方之间的战斗是美国人可以参与的最爱国、最有成就感的活动（贝克说，这个更加伟大的目标将他从酗酒和自杀中拯救了出来）；他的故事：戏剧体现在引人注目的人物、冲突和难以置信的高赌注中。

贝克的观众简直听不够这样的故事，这就是为什么他们报读贝克的大学、攻陷他的反对者的博客，甚至试图猛烈攻击雷纳德的出资者潮汐基金会（Tides Foundation）。在2010年就有一个名叫拜伦·威尔逊（Byron Wilson）的人在贝克的煽动下试图如此，贝克品牌并不只是找到了观众，它还创造了一群狂热的福音传教士。

我不确定我是否认同贝克所说的，这两方当中必有一个终会获胜，若不然，他们会一直奋战到底。在20世纪50年代，这两种世界观就已经在导演弗兰克·卡普拉（Frank Capra）展示的美国梦和文学家安兰德（Ayn Rand）之间发生了激烈碰撞。接着，这种矛盾在占领华尔街运动与茶党运动之间再次被点燃。显而易见，这两个神话正在积极地想办法消灭对方，长久以来形成了关于当今美国政治图景的重要辩论议题。

尽管贝克和雷纳德这两位营销人有着深刻的分歧，但他们都认同一个引领他们成功的核心信念，那就是：每个平凡的美国人都渴望参与到事务当中来，而不仅仅是寻求地位、舒适或便利。他们都告诉大众，可以不仅仅做一个消费者，他们都邀请大众参与到一个远比个人生活更盛大、更开阔的戏剧中，例如贝克的追随者已经开始将自己称为“历史学家”了。在大多数营销人将贝克的粉丝归类为“反智”群体时，贝克已亲自把他的粉丝拉入一场广泛涉及历史、政治、社会学和未来主义的讨论中。在另一边，雷纳德要求心怀不满的观众再次相信“人民”的力量，锻炼公民意识，并从参与社区活动中获得消费无可比拟的幸福感。这两个故事讲述者都拒绝接受我们早已习惯的以恐惧、贪婪、虚荣和不安全感的情绪为基础的传统营销方式。雷纳德和贝克已经发掘出了吸引更高价值的力量，以及参与到高于自我的事情中来的需求。

贝克和雷纳德的故事表明，在数字口述时代取得成功确实是可能的，而且如果有正确的策略，这种成功甚至可以是爆炸性的。

故事的强大力量

现今最好的营销人都通过讲故事的方式来建立事业和品牌忠诚度，这些故事向社会所传达的一系列寓意往往会让人觉得正中下怀。这些营销人建立起有共同目标的群体，赋予受众关于“我们”的使命感。所有的群体都依赖重要的神话来做引导，对这些神话故事的渴望解释了这个时代中许多最伟大的成功营销，并指明了营销人作为现代神话缔造者所承担的巨大责任。为什么这么说？因为关于故事的战争一直都是塑造社会未来的最关键的战斗。

格伦·贝克和安妮·雷纳德之间的闹剧，是两种强大的世界观产生碰撞时的一种古老表现形式。其实，如果上溯到足够久远的年代，就会发现所有的战争都是有关故事的战争。希伯来人征服腓力斯人，一个民族信守与上帝之约的故事；十字军东征，一个建立在圣石之上的城市的故事；德国入侵波兰，一个注定要统治世界一千年的优势民族的故事；“9·11”恐怖袭击，一个殉道者们准备进入天堂极乐世界的故事……不计其数的战争都是为了故事而战。

强大的故事使数百万男男女女做出悲怆和英勇的举动，这些行动使他们付出了生命，也从根本上改变了世界。胜利者的故事得以继续，并继续定义着我们的现实。

你肯定不想鼓吹战争，而只是想要推销一个想法、一组价值观或一种产品。换句话说，你是一个营销人，而不是一个征兵人员，那么我为什么要一直说战争呢？

第一，人们会为了践行或维护一个故事，不惜背井离乡、冒生命危险，体现了故事在敦促人们行动方面的强大力量。我们已经进化出强大的抵抗力，能够克制自己不去轻易投入可能丧命的争斗中，这种抵抗力就是恐惧。大多数社会通过严格禁止杀戮来强化这种恐惧，而一个好故事可以抹去一切。故事的力量可以从根本上改变人们的行为，让人们尽管惧怕改变，但仍愿意换一种方式来思考、消费或投票，这就是营销的意义所在。

第二，当两个相互冲突的故事发生碰撞时，战争是最明显和最具爆发性的表现形式，现实中的战争就是故事战争最具有风险性的可能后果。几个世纪以前，社会很小，而且故事也十分趋同。同一个部族、村庄或王国的每一个人，生来就听着相同的故事。当新故事出现时，通常也会有一群有不同需求的竞争者一并出现。故事的分化既可以扩大冲突团体之间的冲突，也可以为冲突辩护，而且它们在今天还有这样的作用。但通常情况下，社会中包含几十种不同的文化，即使没有邻居不断武力相向，故事之间也会激烈竞争。在这里，故事战争变得不那么暴力，但同样重要。我们仍然需要故事来定义我们，共存的故事越多，它们争取我们注意力的斗争就越发激烈。

在媒体饱和的环境里，品牌信息、产品提案、选举季广告以及为了出售周边品而设计的电影四处泛滥，最强大的故事讲述者不再是巫师、牧师、总统或将军。今天的故事讲述者在皮克斯工作室，他们制作的动画片里那些会说话的汽车会成为最热门的节日礼品；或者在星巴克，为顾客与尼加拉瓜的一位咖啡农夫轻松建立起情感联系；或者在卡尔·罗夫（Karl Rove）建立的“美国十字路口”组织里，编织美国下一个公民革命的传说。无论何地，营销人正在挑战传统故事讲述者的权威。几年前，我家附近的商场建造了一棵购物车组成的圣诞树，宣示营销人比圣诞老人还要至高无上，而且似乎没人反对。

故事战争的战场已经转移到市场上。虽然人们曾经认为，世界的命运会被写在各种史诗传说和法律章程中，但现在似乎更像是写在营销活动中，至少一部分是吧。世界百大经济体中，有一半以上不是国家而是公司，营销是它们维系与客户关系的语言。在美国，营销人正在成为民主体系中的关键参与者。2009 年，美国最高法院裁定，不限制企业用钱影响选举。2010 年，更多的资金流入了政治宣传类企业和组织中，甚至比过去 5 次中期选举的总和还多。谁在管理这几百万美元资金？是营销人。而且，尽管恐怖主义和核武器等问题仍然存在，但是我们所面临的最严重的威胁是气候变化、资源枯竭、物种灭绝，这些都是营销人推动下的过度消费导致的危机。

即使故事不会让人们卷入真正的战争，它们也仍然在驱使每个人做出能够塑造社会体系和地球未来的决定。随着营销人的接管，如今的故事战争会将事业、品牌和政治候选人送进战场里，以吸引观众的注意。这些战争将人们召集到“我们”的角色中，并让大家与他人分享归属感，这些故事战争塑造了我们的内在世界以及共同的外部世界。

这是一本在充满不确定的困难时期给你希望的书。对于营销人来说，数字口述时代的兴起带来了危机，传统的方式不再奏效，而是突然面对要么进化，要么死亡的选择。好消息是，观众对营销人的需要程度并不比营销人对观众的少。大家都在到处寻找方法来理解这个瞬息万变的世界，在这个世界里，传统的故事不再能引发共鸣。通过将齿轮从已经功能失调的旧机器中转移出来，营销人就有机会重塑媒体市场，把它打造成呼吁人们追求更高目标的故事。营销人可以创造出一系列故事，将观众升任为信息的传播者，并呼吁他们参与创造一个更美好的世界。在营销人与观众进行了数十年的对抗后，新媒体格局为双方提供了令人满意的新模型。这也是本书所要提供的一种赢得故事战争的全新方式——**将观众当成盟友，而不是猎物**。

WINNING THE STORY WARS

Why those who tell-and live-
the best stories will rule the future

02

导致故事失败的五宗罪

自负、权威、虚伪、吹嘘和诡计是使我们讲述的故事被淹没掉的五宗罪。这五宗罪一直伴随着我们，引诱着那些讲故事的人。我们每个人要想成为营销大师，必须首先认清故事模型 1.0 里令我们逡巡不前的错误。

YOUR
Message
HERE!
THOU SHALT...BUY NOW
SCIENTISTS SAY THE END IS NEAR

每个英雄都有一个背景故事，那就是在他还不能令敌人闻风丧胆之前，他会笨手笨脚地犯下和普通人相同的错误。本章内容便是在讲述那些错误，它们是使营销人在故事战争中失败的五宗罪——自负、权威、虚伪、吹嘘和诡计。

在电影中，背景故事会在短短的90分钟里被超越；而在现实生活中，大多数人会被永久地困于其中。我们所传达的信息常常会被忽视、误解和混淆。当我们陷入黑暗寻求解决方法时，会试图在交流中增加感性的内容，最终却发现只表达了情绪而遗失了信息。于是，我们转变方法，开始注重事实，然后又发觉，我们所说的内容虽然真实，但不为人所信。我们试图赢得故事战争，却毫无准备，这种方式是我们无法应付的，因此大多数人迫切需要一个导师。

当然，我们的导师就在身边，他们像我们一样也有自己的背景故事。他们也需要摸索着，也犯过与我们相同的错误，直到有一天，带着一个真正的伟大故事出现了，一切也都因此而改变。作为在广播时代的设定中受过训练的营销人，想要开启跻身大师行列的征程，必须首先认清那些故事战争里最基本的、令自己逡巡不前的错误。

通过阻碍口头传统中思想的自然选择，广播时代停止了对罪恶的传播者的淘汰。所以，那些讲动人故事的营销人，得以像外来入侵物种一样蓬勃发展。但是，这五宗罪其实一直伴随着我们，上千年来引诱着那些讲故事的人。这就是为什么会有那些精心编写的警世故事来告诫世人警惕这些罪。接下来，我将带你逐一认识这五宗罪。为了使本章的内容深入人心，我也会讲述一些传奇故事。

自负，以自我为中心之罪

> 水仙少年是森林里最英俊的猎人，深深迷恋于自己的美貌。他欣赏着自己在水池中的倒影，最终沉溺于水中。有人说他落入水池淹死了，也有人说他是难以将视线离开自己美丽的倒影，日益憔悴而亡。无论是哪一种结果，这个顾影自怜的少年都没有幸福的结局。

你的品牌或业务就好比是你在水中的倒影，所以你当然喜欢它。这是好事，因为如果连你都不喜欢，就不应该提供给任何人。但是自负之罪在于，当你太过热爱你所推销的东西时，就会认为所有人也一样爱它。你就会开始相信，只要主动告诉别人有关产品的一切，产品就能自我推销了。但是，你错了。

当一个营销人夸夸其谈地说“35年来，我们一直……”或是“我们在某行业排名第一”时，你就能看到这种自负。他们对自己和产品的自信让他们变得盲目，乃至忽视和真正重要的人建立联系——他们真正的受众。

自负的营销人登上自己的舞台夸夸其谈，全然忽视了受众真正想要的是在他的信息中听到对自己有用的事实和价值。这些营销人说的内容从来没有进到受众心里，他们把自己演说的舞台建得越来越高，高入天际，因此也离自己的受众越来越远。

众所周知，政客就是一群这样自负的营销人，美国前国务卿、曾经的民主党总统竞选人约翰·克里（John Kerry）就是其中之一。他过于相信自己传达的信息的清晰度，因此在喋喋不休地介绍自己的丰功伟绩时，他对选民脸上表露出的困惑表情非常恼怒。最终，他震惊地发现自己被一个似乎能力更弱但故事讲得更好的对手打败了。但这其实是意料之中的事情。

当然，总统大选的结果显然是不能简单地归咎于一个原因的，但是新闻评论的确是找到了一个简单答案。如果现在回看这些评论，你会发现，舆论对这件事的看法几乎达成了共识。竞选期间，小布什正疲于应付许多困难：当他 2000 年就职时，只有 1/10 的美国人认为经济发展面临困境，而在 2004 年竞选之际，担忧的人数已经超过了 1/2；此外，伊拉克战争逐渐失控，引起了许多选民的不满。人们普遍认为，小布什获胜的原因是，他找到了与美国建立联系的方法，而克里没有，也不会。

大选几天之后，民主党时评员詹姆斯·卡维尔（James Carville）抱怨道："共和党编了个故事，而民主党念了篇冗长的祷文。共和党说，'我要保护你们免受德黑兰恐怖分子和好莱坞同性恋的伤害'。民主党说，'我们需要洁净的空气、更好的学校、更多的医疗保健'。所以，这是一个共和党故事 PK 一篇民主党祷文。"

卡维尔的话反映了当时几乎每个民主党人的沮丧。克里采用了一种只关乎他自己的竞选方式：罗列出自己的议题和资历，然后等待雷鸣般的掌声响起。

在民主党全国大会的总统提名演讲——堪称克里一生中最重要的演讲中，我们仅从开篇的300字（约两分钟）中就可以发现大量以自我为中心的营销方式的痕迹：

> “我是约翰·克里，现在由我做述职报告。”
>
> “一个伟大的美国小说家写道，你再也回不了家了。他肯定想不到，今晚我回家了。”
>
> “我参加童子军时她是我的训导员，她为自己作为女童军首领长达50年而自豪。是她给了我对环境的热情。”
>
> “猜猜产房在医院的哪座楼？我没开玩笑，我就是出生在西楼。”[①]

在克里那篇并不吸引人、甚至毫不相干的大量以“我”开头的陈述里，“我们”或者“你们”只是掺杂其中的点缀。这正是自负的表现：我们会记住吗？也许会。但我们会备受鼓舞吗？不会。

与之相对的，小布什则始终将首要注意力放在选民的价值和对选民需求的认同感上。由此，在具体的故事中，才能够感知到选民的世界。以下是小布什在共和党全国代表大会演讲的前350字里提及的内容：

> “我们已经见证了动荡的经济环境逐渐回暖。我们见证了英勇的美国军人征服高山堡垒、冲过沙尘风暴、解放了上百万人，他们的英勇让曾经在诺曼底登陆的士兵都为之骄傲。”
>
> “自2001年以来，美国人越过了重重的困难之丘并在攀登中寻找到了力量。现在，我们走过了艰难的旅程，已经可以看到身后的山谷。现在，因为我们决心面对挑战，历史目标终将达成，

① 又指白宫西翼，即总统办公处所在地。——译者注

伟大的成就就在未来。”

“我们将建立一个更安全的世界和一个更有希望的美国，没有什么能阻止我们回来。”

当小布什真正提到“我”时，也是在直接向听众表达感激：“有你们的支持我感到很荣幸，我愿意接受你们对我竞选美国总统的提名。”

你看到小布什演讲中闪现的那些特征、冲突和可贵之处了吗？这就是为什么卡维尔认为小布什讲了一个故事。通过让听众成为他的出发点，小布什将焦点从自己的身上挪开，不再忙着拍胸脯，而是为这个故事腾出空间，描绘了一个英雄国家为了伟大未来而奋斗的图景。他实际上的主旨与克里所说的并非截然不同，但克里的故事却被掩盖在他的自负中难觅行踪。这便是自负之罪带来的伤害——葬送了我们讲故事的机会。

为什么自负会是这样一个故事杀手？因为如果你像克里一样，是自己故事里的英雄，那你就只好反复纠缠于唯一一个能吸引人的角色——你自己。而在叙述者的舞台上，只有一个角色的故事是鲜有成功的，这甚至都算不上是故事。同样的道理不仅适用于政治，还适用于品牌和机构。

以受众及受众的需求为出发点，然后再把你自己定义为能够帮助他们满足需求的催化剂，如此，故事便可以轻松展开了：**故事里要有许多角色，而且更重要的是，受众才是主角；故事冲突是受众的需求和受众的现状之间的差距；故事情节是你邀请受众和你一起来满足他们需求的过程。**

即使是拥有丰富文化内涵的品牌也难免犯下自负之罪。还记得可口可乐公司以前用过的宣传口号吗？“就是可口可乐！”以及百事可乐公司的“新一代的选择”。这些自我欣赏的表达方式既没内涵，同时也是在赤裸裸地推销东西。它们率先开始对话，但又立刻结束，那它们到底期望得到怎样的回应呢？显然，可口可乐公司认为自己就是大众的选择，而百事可乐公司认为自己受年轻人欢迎。都可谓是自我感觉良好。

终于，汽水巨头们不再谈论它们自己，并开始与受众对话。“畅爽开怀”和“革新一切”这两个系列的广告围绕汽水消费者设计情节，而不仅仅是围绕汽水，这就向着讲故事的方向迈出了一步。这类表达能够让大众通过使用产品而获得某种体验，而不再是单单描述产品有多高级。如果克里也卖汽水，那他很可能会把“就是克里！”印在他的瓶子上，而小布什可乐公司则会选择类似“革新美国”这样的口号。

权威，迷恋数据和事实之罪

> 这个故事从一开始就听起来很可疑：有种面料实在是太精致了，以至于愚蠢的人会看不见？说实话，这个国王在裁缝向他交工的时候，发现自己完全看不到衣服，就已经要大惊失色了。可是他想，这些裁缝是专家，谈论衣服的时候，他们肯定知道自己在说什么。国王不想被这些有识之士看成是傻瓜，于是不情愿地掏出了一些金币。随后，他在游行中穿了这件新衣。他以为经过人群时，可以透过人们窃窃私语的紧张表情来推断人群中有多少像他一样的傻瓜。可是整件事其实就是一个错误，最终，一个孩子的声音划破了空气：“皇帝没有穿衣服！”

这是最家喻户晓的故事之一了，出自最著名的故事家安徒生之手，至今我们已经从斯里兰卡、印度和土耳其的民间传说中找到了不同的改编版本。它告诉人们什么？专家不值得信任。

我们对自身重要性的热忱会诱使我们犯下虚荣之罪，同样地，在自己的领域中过度追求专业也会诱使我们犯下权威之罪。我们常常想把事实摆出来，就等它自己开口推销自己。我们罗列出产品性能、吐出一大串术语、匆忙展示各种凭证，最终却只能在得不到任何回应时疑惑地挠挠头皮。

如今，随着前所未有的大量数据和能够赋予数据含义的科技为人所用，专家们就可以对他们了解的事情更有把握。然而，寄希望于人们对专家的专业知识的信任还是行不通，这显然是有原因的。公众早就在一次又一次的骗局中领悟到了，所谓的专家就是最大的骗子或傻瓜。政府专家已经对包括油漆铅含量、沙利度胺药效以及杀虫剂在内的一切进行了认证，表示没有任何问题。医生建议我们抽骆驼牌香烟。英国石油公司（BP）的专家告诉我们“深水地平线号”[①]上不会发生意外。我们早就厌倦了这一切。

对于那些依赖权威的品牌来说，还有一个更为重要的陷阱：**越觉得事实强大，就越容易忘记与受众建立情感联系，甚至任何联系**。这会让品牌误以为没有故事也能得到认可。非营利机构的推销者，特别是那些关于气候变化问题的从业者，往往会犯这个错误。他们不像手袋设计师那样知道形象高过一切，许多气候变化问题的活动家只知道举证科学理论和专家支持，就好像他们的营销策略是辩论社写的一样。

著名气候学家詹姆斯·汉森（James Hansen）在几十年的试验和错误之后才认识到权威之罪。作为美国宇航局的首席科学家，以及最早发现二氧化碳在气候变化中作用的学者之一，汉森是无可非议的专家。作为一名科学家，其实“专家”这个角色是他非常珍视和呵护的。所以，无论收集到的数据多么令人震惊，汉森都选择了冷静地公布他的发现而不做评价。

① 墨西哥湾深水地平线号钻井平台曾发生原油泄漏事故。——译者注

这并不是他不担心地球的命运，他只是认为事实不言而喻。

汉森实践这一策略40年后，他的好朋友、环保人士比尔·麦克奇本（Bill McKibben）总结这一策略的效果："汉森和我想的一样，我们都认为这些事实如此强大并有震慑力，只要将它们摆在每个人眼前，大家就会有所行动。"麦克奇本告诉《纽约客》杂志，"然而，很显然，我们两个都太天真了。"

如今，汉森已经从他的象牙塔内走了出来，这位七旬老人冒着被逮捕的风险在燃煤发电厂外面大声抗议。他也加入了350.org组织[①]，这个环保组织于2009年在世界各地同时发起了超过1 400个环保集会。汉森现在投身于情感上有象征意义的行动，身体力行地呼吁变革。而从一个科学家走向另一极端的故事，也给了他一个发言的新平台，让他能够真正充分地表达观点。

汉森的新策略会有效吗？这当然能使他获得大量关注，但更重要的是，这件事证明了，对于汉森，甚至对于所有人来说，仅仅依靠自己的专业知识和深刻信仰，并不能够马到功成。

虚伪，过度迎合受众之罪

如果你听过这个故事，也不要打断我，因为你很可能已经忘了它的结局：

有一天，一只狼出去散步时，被路中间一张完美的羊皮绊倒了，它简直不敢相信自己会有这么好的运气。狡猾的狼立刻披上

① 350.org是由比尔·麦克奇本发起的环保组织，致力于对抗气候变化危机。——译者注

羊皮，大小刚好。它心里盘算着也许能享用无尽美味，于是悄悄溜进了附近的羊群，咂巴着嘴寻觅最美味的小菜。看来伪装很有效！羊快乐地吃着草，几乎没有注意到新来者。但狼想到：真正的问题是这样能蒙蔽得了牧羊人吗？它很快就得到了答案，牧羊人穿过羊群，找到伪装的狼，并立刻杀了它。

你看到颠覆之处了吗？“披着羊皮的狼”常用来警告我们小心那些伪装成无害却最危险的人。但是伊索在几千年前写这个故事的时候，是想告诉我们一些别的道理。这个故事是对狼的警告：不要太努力地去合群，保持自我才是明智的。

虚伪之罪很多时候往往正是自负之罪的反面。自负的营销人不停地谈论自己，而虚伪的营销人则不停地丧失自我以求得到受众的喜爱。

我曾参与过一些本应是有建设性的集体讨论，这些会议从一开始就因为不够真诚而注定走向失败。团队成员丝毫没有探讨活动本身的价值或意义，而是专注于讨论想象中的潜在受众身上模式化的属性。对“目标人群”了解得越少，就越想要调整自己所传达的信息，妄图能够直击想象中的靶心。在最糟糕的情况下，这种方式会让每个人都心满意足，唯独委屈了营销人自己。

2007 年，麦当劳在成功推出宣传标语“我就喜欢”（I'm Lovin' It）之后，对自己的街头信誉感觉良好。那为什么不继续用这个口号了？那是因为推出之后有人用了一个新口号作为回应：“它，我搞得定”（I'd Hit It）[①]。虽说作为品牌目标人群的年轻人确实可能说出这种话，但也不会真的对汉

① I'd hit it 和麦当劳的宣传标语 I'm lovin' it 都是年轻人常用的带有调侃意味的流行语。——译者注

堡做出什么出格的事来。不然可以想见，邻桌正在享用快乐儿童套餐的家庭肯定要被吓到了。意识到这个错误之后，营销活动立刻被叫停了，但是为时已晚，在网络博主和年轻受众那里，麦当劳遭到了无情的嘲弄。

斐济矿泉水在宣传其绿色环保时的不诚实，就错得更离谱了。斐济水可能有很多特点，比如纯净、清洁、醒神，但它绝不是绿色环保的。斐济水的纯净，完全是因为它的来源远离那些外国消费者，远离那些至少13 000千米以外的城市。这意味着为了将这些水运输给那些明明打开水龙头就能接到水的人，需要消耗掉很多能源。斐济水公司意识到他们在这里被难住了：因为那些乐意花高价买纯净水保护健康的人们，通常也倾向于通过购买绿色产品来保护地球的健康。

所以斐济决定成为第一家"负碳消耗"的瓶装水，并在大力推广的"绿色斐济"网站上高调宣扬其定位。斐济通过一项复杂的抵消计划，声称每次购买都有足够的款项用于碳减排项目，以抵消产品生产所消耗的碳。这听起来根本就不可能：要想抵消运往世界各地的瓶装水所消耗掉的碳，怎么可能做到不消耗更多的碳？斐济水公司声称它们做到了，但一些大型环保组织开展的诉讼和宣传，都在努力揭穿斐济水公司的谎言。在大量的负面舆论中，"绿色斐济"网站最终被迫关闭。明明不属于某个群体，却硬要融入其中，斐济水在它们想赢取的消费者群体中触发了"虚伪"的警钟。

这便是虚伪之罪的根源所在：**伟大的故事之所以世界通用，是因为故事核心里人类拥有的共同点，远比人口数据分析的伪科学所证明的更多。优秀的品牌和营销活动对不同受众的偏好十分敏锐，但它们所代表的故事内核和价值观是所有人都能欣赏的，而这种普遍性正是虚伪的对立面。**

似乎没有人比皮克斯动画的故事艺术家更擅长把握普遍性价值的了。

在其他动画制片厂直接把电影瞄准儿童观众时，皮克斯却有一个高得多的目标：人类。我曾问过皮克斯的故事负责人内特·斯坦顿（Nate Stanton），皮克斯如何让电影拥有这么普遍的吸引力。斯坦顿向我解释道："我们时常互相提醒，'别在这儿提到孩子'，如果你总想着怎么吸引孩子，就大错特错了。"

斯坦顿知道，他的电影要想成功，必须吸引孩子们去看，但是驱使他写下去的动力，是故事团队成员的个人灵感，而不只是单纯地通过儿童观众的语言形式来表达。如果我们把故事情节的基础打好了，使用观众的特定语言就是一个强有力的工具；但如果本末倒置地把语言形式当成基础，八成是会有麻烦了。

想想曾经打动过你的竞选活动，候选人讲话的对象，仅仅是你所在的年龄层、种族、性别、党派吗？我猜不是。在数字时代，我们所属的群体间关系比这更加复杂和微妙。不要忽视这个深层次的事实，你的故事应该用一种普遍的语言、打破界限的体裁，把你的受众当成整个人类。

吹嘘，缺乏人性化之罪

不用太把藏在幕后的人当回事。

吹嘘之罪，或许在有史以来最受欢迎的一部电影里有淋漓尽致的诠释。电影台词是来自一位男性绝望的请求，而他全部的交流策略就只有一个诀窍：用上帝的声音说话——当然在这个故事里，是用奥兹国巫师的声音。

《绿野仙踪》所讲的故事是每个人都能产生深刻共鸣的。这个故事是关于4个迷失的灵魂，他们每个人都在追寻一种自己其实早已拥有的东西：心、头脑、勇气和家。他们从用上帝声音说话的人那里得到了含糊的暗示，就开始依照这个人的指示来做。但最终，巫师只不过是一个虚张声势的把戏。

这个故事对那些虚张声势的交流者是一个警告：人们会注意到帷幕后面的人，即使上帝的声音能起一时之效，但用不了多久，人们还是会好奇帷幕之后的人究竟是谁。营销人如果想成为讲故事者而不仅仅是销售，就需要注意这一警告。**将自己置于观众之上、高高在上地发号施令，却忽视了人性的光芒，这就是吹嘘之罪。**

在广播时代的早期，听众听到的声音无论是来自新闻广播员、政客还是广告商，都如同是神的声音。于是我们想当然地以为，一个带着隆隆回音的男声指点我们该做什么，是很正常的做法，我们之前还没意识到帷幕后面只不过是一个也会犯错的凡人。

你在读20世纪五六十年代有代表性的汽车广告时，仿佛还能从老收音机里听到无线电广播信号干扰的杂音：“选择凯迪拉克，从未像现在这样如此诱人、值得和实用。”或者：“无论你去哪，开着雪佛兰去都是一种享受——路上最好看、最好开的汽车。来试试一辆漂亮簇新、闪闪发光的博维尔（Beauville）[①]吧！”

虚张声势的营销人凭借着有一个平台可以说话，就以为自己能轻易操纵观众的思想了。与权威之罪用事实和数据来压倒观众的做法不同，营销人只需轻轻松松地坐着发布公告，声音常常呆板、乏味、平稳而毫无感情。

① 雪佛兰于20世纪50年代出产的小型客车。——译者注

这声音并不是消息的代表而是消息本身，因为这类消息本身是没有实体的。你肯定没听过这种方式能讲出来好故事吧？

电视新闻主播在过去是冷静和端庄的，他们努力地保持不偏不倚，然而那一代主播早就离开荧幕了。现在顶级的主播毫不掩饰他们的武断和偏见——格伦·贝克就是一个典型的例子。他们不仅从帷幕后面走了出来，而且简直要半裸出镜。虽然我对贝克和拉什·林博(Rush Limbaugh)[①]在新闻行业的所作所为很有意见，但他们所讲述的故事确实塑造着美国人的想法。

“上帝之声”的方式显然已经穷途末路，但这并不意味着吹嘘之罪就会消失。虽然已经没人真正会考虑使用20世纪50年代那种老土的声音了，但对大多数营销人来说，使用更加人性化的方式来推销仍然很难做到。但是，如果要掌握讲故事者的声音，就必须要暴露我们的人性。**在对观众讲话时，绝不能像命令他们遵从戒律一般，而是要用品牌自己独特的声音，讲述一个愉快的故事。**

诡计，追求低级趣味之罪

周幽王为了博得爱妃褒姒的开心一笑，在尝试了所有可以想到的办法后，想出了一个荒唐的主意——烽火戏诸侯。

有天晚上，周幽王命令点燃烽火，向诸侯发出有外敌入侵的警报。他蒙住褒姒的眼睛，带她到点将台上，展示台下诸侯们的混乱窘态。褒姒起初大惊失色，随后意识到这是个玩笑，于是露出笑容。

虽然这一切都是错的，但是周幽王很开心，于是一次又一次

① 美国右翼电台主持人、记者、作家、自由主义运动者。——译者注

地，这对夫妇沉迷于他们无聊的恶作剧中。最后，一切必然分崩离析。当真的有外敌兵临城下时，周幽王再次点燃烽火求救，自然没有援兵了。接下来，便迎来朝代更迭的历史。

像所有伟大的故事一样，周幽王的故事包含了任何人都能理解的教训：并不是所有的乐趣都是无害的，周幽王这种愚蠢荒唐的乐趣就有着致命危险。在市场营销的世界里，这种危险就是因为某种低级的滑稽，比如某人被踢到胯下或者会议室里出现大猩猩，而发出的空洞、夸张、短促的嗤笑。把一件人们早已熟知的事用前所未有的方式讲出来，其实包含着远比上述场景更令人兴致盎然的乐趣，这才是伟大的故事讲述者应该具备的幽默。

幽默是一种普遍的人类情感，可以迅速地将人们联系起来，甚至可能是所有交流方式中建立联结最快的方式：因为同一个笑话一起哈哈大笑的人，俨然已成为朋友了。因此事实证明，**幽默是一个强大的工具，可以形成传播者所追求的东西：建立身份的认同。当然，你要正确运用它才能有效。**

在信息繁杂的当代世界和对爆炸式点击量的热忱追求下，每每看到有热闹的推广活动能吸引人们的热烈关注和转发时，大多数营销人都会投去艳羡的目光。事实上，“有趣”似乎已经是当今大多数电视和网络广告赢取关注的首要策略了。

这就是为什么每年超级碗的昂贵广告看起来就好像通通得到了周幽王的真传。它们都无比迫切地想要让观众笑，以求令观众迅速地与所展示品牌建立情感上的亲密，但是这些广告很多都失败了。虽然其中有些确实值得一笑，但是我们依然需要问一下这个问题：“这些广告真的有趣吗？”我的工作室所创作的作品中，最早成功实现病毒式传播的那些也包含了大量的笑声，曾有一段时间，我错误地以为这就是这些作品的价值所在。在我们创作的一则批判沃尔玛就业现状的卡通音乐短片《老友低工资》（*Friends with Low Wages*）中，人们感到好笑的是，看到乡村歌手加斯·布鲁克斯（Garth Brooks）作为一个“助手”被下令舔厕所。但这只是一个噱头，是这个获得了爆炸性成功的作品的一小部分。作品的成功并不仅仅因为它让人们发笑，而是因为它调侃了众所周知却没有明说的现实，将人们尚未爆发的怒气转化成了笑声。后来，我们试着发布了几部更加有趣的视频，但反响平平，我这才明白了仅有幽默是不够的。

幽默当然没什么不对，而且还是一个可以帮我们避免其他罪过的策略。有趣的沟通可以让我们远离权威和吹嘘，毕竟用上帝之声说话的古板专家永远不会有趣。但是当我们的沟通从头到尾都用幽默时，就错失了讲一个故事的真正机会，也就错失了打赢故事战争的机会。

自负、权威、虚伪、吹嘘和诡计这五大罪过，我们大概都觉得似曾相识，其实在当今的市场营销活动中，它们就像空气一样稀疏平常。那么显而易见的问题是：如果这么多营销人都在犯这些错误，这些罪过真的如此致命吗？开设一个新课程就能够纠正错误百出的营销工作吗？

向苹果公司的人请教一下吧。几年前，在一趟飞往华盛顿特区的红眼航班上，我学到了一个好的故事策略能为品牌增色的知识。

WINNING THE STORY WARS 故事思维

用 Mac 机的家伙

2007 年 8 月 5 日凌晨 00：30，我坐在一位神色疲惫的商人旁边，他正目光呆滞地盯着笔记本电脑上的电子表格。随着其他乘客渐渐入睡，我把我的苹果电脑从包里抽出来，在他身边开始工作。

这引起了他的注意。他看看我的电脑，然后看看我，然后又看看电脑，最后心照不宣地狡黠一笑问道:“你用 Mac 机，‘果粉’哈?”

我用 Mac 机是有背景故事的。我上大一时，曾报名为校报工作，工作第一天，我的主编在一台老式的苹果台式机前坐下来教我如何使用，从那时起我就一直用苹果电脑了。

那之后，在苹果设备还没有烂大街的日子里，我常常被问到是不是“果粉”。我对这个问题的回答是“不”。我不是玉米片的粉丝，不是牙刷的粉丝，不是卫生纸的粉丝，同样也不是苹果设备的粉丝。这些都是每天帮助我解决问题的工具而已，我感激这些东西帮助我，但它们不能够定义我，至少我不想通过它们来定义。

不过，当时飞机上的我还是选择了更简单的回答:“是啊。”

那位商人伸长脖子看了一下我正在做的电子表格，说道:“你的工作一定特别好玩。”

如果你的年龄不到 70 岁、有份工作、并用 Mac 机来做，有些人就难免会用这种方式看待你。就好像电脑在招呼他们:“嘿，你看！这个家伙在过你一直想要的生活呢。他拒绝平庸，打破规则！”

换句话说，你在一些人面前从包里抽出 Mac 机时，这些人就开始自己脑补出一个生动的故事了。这正是精通故事战争的营销人在教人们做的事情——主动给自己讲品牌的故事。

当然，抛开所有产品间来来回回的模仿，在享受生活方面，苹果电脑和微软电脑几乎没什么区别，而且使用哪个都算不上公然反叛。然而有一段时间，我在公共场合用电脑都好像是在宣示一种不凡的生活方式和地位，是人们希望通过使用个性产品所实现的“不凡”。作为苹果设备占据市场以前的 Mac 用户，我被其他人当成是一个有创意、具有前瞻性、充满快乐的群体中的一员——这是苹果公司对自己产品用户的定位，我倒也希望他们真这样想。这便是苹果公司 25 年来全力以赴赢得故事战争的成果。

苹果公司向故事战争的进军开始于传奇的“1984”超级碗广告。广告只播了一次，但对看到它的任何人来说，这都是一个大胆的宣言，是苹果对未来几十年故事战争所做的战斗计划。在广告中，一大片被洗脑过的人如工蜂一般整齐坐着，盯着眼前的巨大屏幕。屏幕里乔治·奥威尔（George Orwell）①笔下老大哥式的首领正在喋喋不休地谈论着未来。一个性感、健美的反叛者跑进礼堂，向屏幕投去铁锤，彻底摧毁了它，并唤醒了被操控的民众。这是人性与暴政、精神与机器的对抗，是英雄来重建已破碎的世界。不仅仅是广告中的民众被惊醒了，现实中的每个人也一样。苹果新故事中的寓意非常明确：“富有创造力的反叛者是世界上最强大的力量。”

20 世纪 90 年代，苹果公司在“非同凡响”（Think Different）的广告活动中，将自己的品牌与甘地、爱因斯坦、艾米莉亚·埃尔哈特（Amelia Earhart）②和鲍勃·迪伦（Bob Dylan）等名人的肖像放在一起，由此延续了自己在广告创意方面史诗级的成就。这些人是世界上最著名的反叛者，他们反对既有规则，从殖民主义到牛顿物理学，从性别歧视到战争，这些反叛者似乎抵制苹果品牌以外的所有东西。为故事确立一个强有力的寓意，就是为了打造一个基于故事之上的品牌而奠定基础。只需要两个词、一个商标和一幅肖像，就能够令观众不可抗拒地被广告寓意吸引，这就是故事战争的艺术。苹果公司证明了，它不需要一个 4 分钟的视频，甚至都不用在 30 秒里安排一个引人入胜的解说。观众自己填补了单一图片和两个词所留下的想象空间。

然后，苹果公司的讲故事者让整个美国都笑了。如果反对苹果伟大的反抗精神，就会被贴上神经质的书呆子标签，所以他们的广告会让人们兴致勃勃地宣称：“我用 Mac。”这些人在自己的生活中已

① 1903—1950 年，英国作家、新闻记者和社会评论家，著有著名的政治小说《一九八四》。——译者注

② 首位独自驾驶飞机横跨大西洋的女飞行员。——译者注

经真正开始活出品牌故事的样子了。苹果非常成功地讲述了敢于与众不同的快乐，美中不足的是它的产品普及度之高已经称不上“小众”了——当然，这在很大程度上也是由广告的成功带来的。

当飞机上的那个人问我是不是“果粉”的时候，背后强大的讲故事者其实在驱使他问我，是否属于某个富有创造力的叛逆群体、某个他跃跃欲试渴望加入的群体。于是我转而怀疑，如果他有勇气硬着头皮对抗从众心理的话，大概也在偷偷地筹划买一台 Mac 机吧。

等我们结束了关于苹果电脑的尴尬讨论之后，我发现那个人竟然是一个优秀但多少有点无聊的经济学家。接下来的旅程中我们一直在兴奋地聊天，尽管我还是忍不住地想，对他来说我大概一直都会是那个“用 Mac 机的家伙”。

当然，苹果公司也不是一直这么醒目的。它的营销人在过去也曾经犯过错，我们甚至发现了一系列差点让苹果公司在故事战争中被判出局的错误。这件事情准确来说发生在 1983—1984 年间，苹果公司发布了命途多舛的机型“丽萨”(Lisa)。如果你忘了这款电脑并不奇怪，但如果你还记得它的广告，那就很稀奇了。与“非同凡响”宣传口号的简洁相反，第一版“丽萨”广告文案长达 9 页，开头的标题是“苹果再一次地发明了个人电脑”。

广告详细列出了令人眼花缭乱的功能列表、机器开发的内部历史记录，还有一些可以供人们出去买东西时给电脑下达的专横指令。在看过这个广告之后，肯定没有人会想成为一个“用丽萨电脑的家伙”。

Mac 机成功地讲出了故事，而丽萨电脑则完全迷失在虚荣、权威和吹嘘的罪过中。尽管丽萨电脑被广泛认为是当时的重大技术突破，但这两款电脑的广告收效却是天壤之别。

使故事被淹没掉的五宗罪，正是使现今营销人的世界分崩离析的主要原因。但营销人并非唯一的受害者，对于其他人来说，这个世界一样是分崩离析的，只不过原因不一样。对其他人来说，这种分崩离析来源于瞬息万变的时代与一个社会依赖的文化传承之间的巨大分歧。而这个分歧也正是营销人现在要关注和化解的。

WINNING THE STORY WARS

Why those who tell-and live-
the best stories will rule the future

03 当故事成为每个人的秘密武器

当现实发生剧烈变化，而流传了几千年的传统不足以应对这种变化时，就需要新的神话缔造者来撰写新的神话，需要新的模型来讲述最有力的故事。

"OCCUPY
ALL
STREET

1945 年 6 月 16 日凌晨 4 点，一个饥饿而焦灼的人，几周以来一直靠着手卷烟和古代梵语诗歌过活。他身高 1.8 米，体重 53 公斤，身边几乎什么都没有—— 一个不毛之地上的被遗忘之人。

他的手指碰触着飞扬的尘土，转向那数千工作人员匆忙建设的城市。这些工作者多数在沉睡，仿佛这一夜只是夏令营里的一晚。他很喜欢这种夏令营的感觉，不会激起太多的疑问——可以弱化妻子和孩子们那略带焦虑的好奇心，可以保护那些无处不在的秘密。

一辆吉普车驶过，朝着测试地点方向开走了，而他在等着另一道闪电划过。闪电来临时，他可以立刻辨认出新墨西哥这片空旷土地上的虚无，就像是一个年轻人过暑假时的空虚，多少让他感觉仿佛回到自己的家中。

“就像曾经有一颗核炸弹丢在这里。”他想，第一次玩起这种文字游戏。

这句话很快就会成为一句可怕的陈词滥调，用来描述从被洪水蹂躏的城镇到孩子们那不够整洁的房间，用来表达数十亿人持久的、难以承受的恐惧。但是这句话首先在罗伯特·奥本海默（Robert Oppenheimer）的头脑中掠过，就是在那天，只有他和其他几个精疲力竭的人知道原子弹的存在。

那个“小玩意儿”，他们亲切地称呼它，是否可以起作用还远远不能确定。人们搭建了一个池子，用来预测他们所希冀创造出的核爆炸的威力，有人猜它没有任何威力，有人半开玩笑地猜整个新墨西哥州会燃烧起来。奥本海默，这个项目的负责人，在他的部下面前表现得泰然自若，低调地推测爆炸威力与300吨TNT烈性炸药持平。在炸弹的世界里，300吨TNT烈性炸药并不能成为游戏规则的颠覆者。

但是在奥本海默一个人独处的时候，他可没有这么谦卑。只要一有空闲，他都会去阅读《薄伽梵歌》，一本伟大的印度教经典之作。每当他的思想畅游在他打算释放出的惊人的力量中时，他都把那些想法带入这已有两千年历史的神圣著作的故事中。科学，是他设计炸弹的依据。而神话，则是他赖以理解这威力重要性的依据，探明在这即将来临的划时代的时刻中他本人的位置。

有时候，他想着他得活出阿朱那（Arjuna）的故事，那个不情愿的战争英雄，被迫与他的诡计多端的表弟作战。在《薄伽梵歌》中，阿朱那向奎师那神寻求帮助，奎师那神提供了庞大的军队或无限的智慧供他选择。最终阿朱那选择了无尽的智慧，舍弃了现实世界的力量。阿朱那的故事也适用于奥本海默自己的境遇。有时候，几个人的智慧会超越数以千计甚至数以百万计的军备，他被军队雇用就是明证。

再一次，奥本海默怀疑这个炸弹甚至要比百万军备更重要。也许，他的故事不同于战士阿朱那，而是与至高无上的化身奎师那神的故事相似。毕竟，在当时，只有神灵才有彻底摧毁世界的力量。而如今，这力量已经有可能落入凡人手中——而且很大程度上是因为他。

闪电停止了，他用几近燃尽的一支香烟点燃了另一支。

“奎师那神，”他想着，“有何不可呢？”

一辆吉普车在几米外停下，他弟弟弗兰克已经坐在了里面，奥本海默一言不发地踏入其中。

早上 5：29，“发射！”广播员大喊着，沙坑里的人们早已屏息等待着——既担心实验失败，又害怕它成功。16 公里之外，一阵闪光让黎明前的天色突然变得像白昼一般——他们所有人所经历的最明亮、最火热的白昼。羽状的火焰划破天际，有 11 千米高，顶端像气球般涨开，发出一阵紫色和绿色的怪异光芒。45 秒钟后，爆炸的冲击波到达了人们身旁，扰乱了那令人不安的静止空气。雷声在沙漠中回响着，以一种完全非自然的方式重复着。

大家欢腾了片刻。但是当人们兴奋地拍着彼此的后背、兴奋地戏称彼此“狗娘养的”时，奥本海默的心又回到了《薄伽梵歌》上。他后来生动地回想起那一刻他的想法——一个凡人挑战了至高无上的神。“我成了死神，世界的摧毁者。”奥本海默的这句心里话是奎师那神的话，昭示着他的神性。

但奥本海默真正说出口的仅仅是：“成功了。”

的确成功了，核弹的威力与 18 600 吨 TNT 烈性炸药相当。4 小时后，另外一枚被命名为“小男孩”的核弹离开了旧金山的猎人角（Hunter's Point）。三周后，两个繁华的日本城市将会和新墨西哥州的沙漠一样荒凉。

奥本海默和团队为人类抓住了神力，他们是知道这点的，而且世界其他地方很快也会知道。这枚原子弹给了世界上几千年来所流传的神话的支柱以沉重一击。西方国家的人们所共享的传统故事大部分来源于《圣经·旧约》，而《旧约》本身源于远古。这些神话把人类当作谦卑渺小的物种，受到上帝和大自然强大力量的庇护。至少从伽利略时期起，科学已经开始为我们周围的力量提供了替代性的解释，但直到爆炸事件发生，科学的巨大力量从来没有如此真实地体现在现实世界中。难怪奥本海默在整个爆炸过程里处于如此神话般的心态之中，也难怪他后来会把他的团队与普罗米修斯相比较——从神明手中偷取火种。

伊西多·拉比（Isidor Rabi）① 在奥本海默的这场赌局中赢得了赌注，用他的话来说："一个新事物刚刚诞生了，一个新控制者，一个对人类的全新认识——人类已经获得了超越自然的能力。"爱因斯坦警告说："原子释放的力量改变了可以拯救我们思维模式的一切，因此我们正向着空前深重的灾难发展。"

拉比和爱因斯坦意识到，这变化中的时代正挑战着我们认识世界、回应世界的旧方式。爱因斯坦一再强调，可以拯救我们的不是科技，而是新的思想。一个社会的思想是由它所共享的神话支撑起来的，而我们祖先的神话根本无法解释那枚爱因斯坦帮助奥本海默创造的原子弹。

我们选择如何更新以及如何传播那些神话和最重要的文化故事，极大地决定了社会对快速变革的时代的反应。透过故事战争的视角，我们能看到当前营销人在这场行动中扮演的重要角色。

发生在新墨西哥州沙漠中的那场爆炸距今也有几十年了，它标志着神话的鸿沟开始日益扩大——一边是这个时代不断发生着的真实时刻，另

① 美国物理学家，因发现核磁共振而获得诺贝尔物理学奖。——译者注

一边是我们长久以来共同拥有的，从中寻求阐释、寓意和行动指导的古老故事。

我们现在所要探索的就是这个神话鸿沟，这个宗教、科学和娱乐都曾蹒跚摸索的裂缝，现在营销人也加入了探索队伍。

神话的三要素

令人感到悲剧且讽刺的是，社会普遍把“神话”一词当作“谎言”的同义词。今天，当说起神话时，我们更可能是要打破神话，而不是向它们寻求指导。然而，没有神话的生活将会使我们陷入人类文明史上的未知领域。

神话是将社会保持在一起的黏合剂，它们提供了不可或缺的重要功能。英国人类学家布罗尼斯拉夫·马林诺夫斯基（Bronislaw Malinowski）曾表示，神话“表达、增强和编纂信仰，它维护并强化着道德，它为仪式的高效提供了借鉴，并为指导人类提供了实际的规则”。我们所重视的以及不重视的，都被写入神话且被我们所共享，这使得神话非常强大且必要。

当神话被利用得当，它们可以把我们聚在一处，让我们以一种在所有文化中都通用的特定形式来行动。

要素 1，象征性思维

神话既真实也不真实，因为它们存在于独立的空间和时间之中，不需要符合现实生活中的制约。事实上，大多数社会已经为它们的神话设置了独立的现实情境——要么在很久很久以前，要么在一个非常遥远的地方。这个神圣的、充满想象力的领域似乎既是真实世界，却又独立于真实世界存在。

通过使用象征性的语言，神话令我们摆脱了那些现实所带给我们的时常令人困惑的事。神话令我们通过有力的象征来看待世界，并且提醒着我们一些通常难以用文学语言来领会、但又很容易通过象征物来表达的深刻真理。你可以将神话的领域看成是你的梦境——不完全是真实的，但与解释现实和指导生活有着深刻的联系。事实上，约瑟夫·坎贝尔把神话称为“大众的梦”。

存在于象征世界中，神话变得更为灵活。新的现实中的体验，即使是像原子弹这样可以摧毁地球的发明，也不一定可以反驳它们。《薄伽梵歌》对包括罗伯特·奥本海默在内的数百万人的生活方式产生了深远的影响。然而，它也并不要求你必须相信阿朱那和他的表兄弟之间的战斗确实存在。印度教徒可以公开辩论这个故事的象征意义，而不用担心异端罪。在人类历史上绝大数时期，神话都经历不断变化的时代幸存了下来，因为它们并不需要被视作事件的真实再叙。

要素 2，故事、阐释和寓意

神话将故事、阐释和寓意一并打包给予我们。以《圣经》第一卷《创世纪》为例，它是最有力的并且衍生出了很多文化历史的神话：

- 故事：上帝在七日内创造了世界，并将世界的统治权给了人类。
- 阐释：这就是我们周围所见之物形成的原因。
- 寓意：所以上帝应得到我们的感激与顺从。

这些相同的元素也可以在现代的基础神话中找到，就像美国梦的神话。

- 故事：美国是从英国特权阶级的暴政中挣脱出来，由一群信奉自由、美德和自律的人们所建立的杰出国家。
- 阐释：因此每个美国人都可以获得成功和发达的机会。
- 寓意：所以如果你努力工作，也会得到回报。

任何神话都可以被这样拆解，解读神话的方式没有所谓正确与错误之分，只要是神话，而不是那些仅用来消遣的传说故事，你都可以找到其中蕴含的故事、阐释和寓意。

要素 3，仪式

那些带有引人入胜的阐释和寓意的故事，无不用其中含有的强大的道德体系鞭策着我们。当我们第一次听闻某种美好的德行时，都会想怎样将它应用到自己的生活中去，而那些相信《创世记》的人却不会纳闷“我应该做些什么去服务上帝”。

因为神话是设定在一个独立的领域内，人类总是寻求通过仪式在真实的世界中实践它们。从逾越节的用餐仪式到全家人郑重地聚在一起签署第一份贷款按揭，这些都是人类将神话成真的方式。

象征性思维、故事、阐释、寓意和仪式，当这些元素凑在一起时，神话的必备构成就已经到位了。但并不是所有具备这些要素的故事都可以成为塑造社会的神话。为了达到这一层次，这些故事还必须要被足够多的人所接受，构成普遍的参考依据。我们所能预见的是，神话的鸿沟差不多已经摧毁了神话的普遍性。

神话鸿沟的出现

神话大都具有极大的弹性，往往是几千年持续发展的。但是，当现实变化剧烈，而神话的弹性不足以继续应对这种变化时，就会出现神话鸿沟。

过去几百年来，变化一直在以不断加快的速率进行着，奥本海默的原子弹只是引起全球意识转变的事件之一。仅仅在美国，我们同样可以说出类似影响的事件：民权运动、越南战争、水门事件、生态危机以及 2008 年全球金融危机。面对这些转变，需要选取一些非常灵活的神话，以继续提供普遍意义的指导。

事实证明，宗教神话对许多人来说，并没有被证明是足够灵活的。虽然我们可能已经转向科学和娱乐来寻求替代，但这些领域也无法填补新的神话鸿沟。这为营销人提供了机会，于是他们欣然开始了填补鸿沟的征程。不过在开始探索这部分历史之前，我想先花些时间解释一下现在的神话鸿沟是什么。

象征性思维的鸿沟

我们的神话体系变得脆弱，是因为很多人拒绝接受象征性思维这一概念，而这是现在理性主义社会所独有的特征。如今，我们会要求了解事情是真还是假，这就是科学和宗教激烈冲突的原因：要么世界有 6 000 年历史，要么有几十亿年；要么我们是从像猿猴一样的祖先进化而来，要么是由上帝创造的。

对于现代人来说，只有一个会是对的，另一个是错的。对于神话来说，二者都可以轻易成真。由于人们对真实性的追究，传统的神话开始破碎。

故事、阐释和寓意的鸿沟

今天，在极其多元化的社会中，我们察觉到故事、阐释和寓意的功能已分散在了宗教、科学和娱乐领域之中。但要说到消除神话鸿沟，无论是宗教、科学还是娱乐，都不具备我们所需的完整的神话要素。

这就是为什么：宗教在提供阐释和寓意方面继续发挥着强大的作用，但《圣经》中的教义却不能被当成是故事。因为当今的主流宗教领袖害怕他们的教义只能停留在神话传说的层面，宗教团体希望他们的宗教故事能被人信以为真，然而对于其中某些故事来说，这个要求太难实现了。宗教神话虽远未消亡，但这种僵化使得它们进一步丧失了普遍性。

科学也像宗教一样，在阐释方面足以替代神话，但是却失去了关于寓意的讨论。而且，像宗教一样，主流科学界完全不愿意把自己作为故事呈现给公众。

电影和电视节目主宰了充满活力和富有想象力的讲故事的领域，但它们大多数只承担一个职责，即提供娱乐消遣。即便一些娱乐节目非常火爆，足以提供普遍性的文化指引，但很少有艺人向观众诚恳解释世界是如何运作的，或向观众提供深刻的寓意。

也有一些有前瞻性思想的宗教领袖、科学家和艺术家曾尝试在其工作中统一故事、阐释和寓意，但他们都完全脱离了主流，而在社会中发挥作用的神话是不可能存在于边缘地带的。古代和传统社会可以依靠僧人和圣人将故事、阐释和寓意结合在一起，然而这些凭借现在早已消失，或者说失去了广泛的正统性。

仪式的鸿沟

今天的宗教仪式太多元化了，而且与黏合整个社会也有冲突，它们的发展速度不足以应付不断变化的现实。娱乐业没有太大的帮助，因为它强调被动观看而不是积极地参与，而科学则完全拒绝接受象征性行为的魔力。

20 世纪随处可见的鸿沟意味着，我们需要新一代更高效的讲故事的人，我们寄希望于这些人可以不断更新变化着的神话和仪式，甚至在必要时可以撰写新的神话。罗伯特·奥本海默用弹射器将我们发射到这个令人焦虑的神话鸿沟时代中时，我们曾寄希望于传统的神话缔造者们，可是他们已经无法给我们所迫切需要的新神话了。

当营销人成为神话缔造者

当然，这些鸿沟的出现让人非常不舒服。心理学家卡尔·荣格早在第一次世界大战爆发之前就发出了关于神话鸿沟的警告。他说："神话是每个人无论何时何地都要相信的，因此认为自己能够脱离神话生活的人就是一个例外。这些人就像是没有根的，与过去或祖先的生活，甚至与现代社会，都没有任何真正的联系。"换句话说，没有神话的社会可能很容易崩溃，而一个到处都是这种无根之人的世界也是一个危险的地方。

在荣格开始担心那些不信神话的人之后不久，实业家们开始切实面临关于自己存在的认同危机。第一次世界大战驱动美国经济生产大量物资，一旦机器运转起来，关掉它就不再是轻而易举的事，即便战争结束了也不行。在城市化的美国，求职市场和股票市场都绝对依赖持续生产，否则经济就会自由落体。但生产什么呢？根本就没有足够的需求来满足供应。神话鸿沟与同样令人不安的供需缺口如出一辙。

因此，对于新的神话缔造者——营销人来说，机会就摆在面前。当时的美国政治领袖实际上也在迫切恳求营销人介入，于是营销人从产品推销员变成了关乎整个文化命运的主要角色。

回到 20 世纪初的那段时间：从《创世记》中衍生出的清教徒的价值观和仪式，建立了一个全部故事、阐释和寓意都植根于节约和谦逊的美国。例如，本杰明·富兰克林所说的简单而广泛流行的格言，教导了整个国家的国民努力工作、努力存钱。

为了弥补供需缺口，社会本身也需要被全新改造。因为神话面临环境巨变的挑战而不得不更新和重写，这样的情况也是有理可循的。正如爱因斯坦呼吁采取新的思路来避免核灾难，20 年前的美国领袖也曾呼吁采取新思路来避免经济灾难。

在第一次世界大战期间，营销行业成功地把公众的注意力转移到战争上来，向当时的国家领导人展现了强大的才能，也取得了影响力巨大的效果。随着消费需求疲软的新威胁出现，领导人再次转向营销人求助，明确地要求他们做宗教、科学和娱乐都没能成功做到的事——用新的神话来维持经济的发展。

听听美国第 30 任总统卡尔文·柯立芝（Calvin Coolidge）在一次顶级广告商的聚会上所说的话："广告是适应和改变生活习惯、生活方式最有力的工具，它影响人们吃什么、穿什么，也影响全民的工作和娱乐。广告业滋养了市场交易的精神层面。"美国前总统赫伯特·胡佛（Herbert Hoover）也说过："广告从业者已经接管了创造欲望的工作，并将人们转变成了移动的幸福机器，这些机器也是经济进步的关键。”柯立芝和胡佛作为当时美国的国家最高领导者，毫不含糊地邀请营销人来重新诠释生活、重新构建寓意和仪式。换句话说，营销人是被要求担当现代神话缔造者这一角色的。

当然，营销人也非常适合这一角色，因为他们有秘密武器来填补宗教、科学和娱乐留下的所有空白。自 19 世纪末以来，营销行业已经知道在广告中讲故事的力量。到 20 世纪初，诸如“无尘小镇”（Spotless Town）等基于故事的广告将 Sapolio 牌肥皂从普通商品推到了令人炙手可热的高度，围绕品牌建立的一个虚构小镇的故事也成为美国家庭茶余饭后的话题。这类故事其实是关于象征性思维的，因为没有人真的以为，广告里的这些无尘小镇、快乐的绿巨人、来自莫顿的撑伞女孩或者抽万宝路香烟的男人是真实的，但他们仍然被当成对现实世界的得力向导。数百万美国吸烟者会更换品牌，以模仿那些明知是虚构的粗制滥造的榜样。这就是神话赖以生存的象征性思维的力量。即便在生活中不相信神话，但人们在市场上遇到时，还是会不由自主地遵循这些具有象征性的故事。

营销人讲述的故事一直起着神话的作用，都是在提供阐释和寓意。从洗洁精到 iPad，每一个新产品的推出，都是关于如何生活在瞬息万变的现代世界的一次阐释。这些阐释的更新速度与我们生活环境的变化一样快，有时甚至更快。从最原始的时代开始，营销一直是为了让产品或服务对购买者有意义。即便是外卖咖啡也代表着含义和属性的缩影。看着杯子，我们就知道自己属于哪个群体——星巴克纸杯代表有优质生活或追求优质生活的主流派人士，唐恩都乐（Dunkin）的泡沫杯代表追求平价并以此为傲，可重复利用的钢制旅行杯则体现了环保意识和责任感。

从仪式方面来说，营销故事的影响也举足轻重。如果不给观众机会来真正实践某个营销故事中的生活方式，那这个故事的价值何在？你可能会说，推出新的仪式是每场营销活动的基础，但购物已经成为人们共享的单一仪式了。

象征性思维 + 故事、阐释、寓意 + 仪式，营销人已经精通了缔造神话的公式。而且，多亏了这样一群技艺娴熟的营销人，在美国经济转型为高消费模式时，供需缺口巨大的局面被彻底地扭转了。清教徒俭朴和谦逊的价值观被粉碎、抛弃，取而代之的是便捷的消费信贷、炫耀性的消费以及个人与品牌间的紧密联系。这些划时代的改变，影响之深远堪比原子弹的发明。

作为故事战争新的主宰者的营销人早已整装待发，在最高权力的鼓励下，他们开始改写旧神话并创作新的神话。历史提供了大量的特写镜头，可以让我们看到这个过程是如何完成的。

WINNING THE STORY WARS 故事思维

香烟和亚当肋骨的神话：自由的火把

又对女人说，我必多多加增你怀胎的苦楚，你生产儿女必多受苦楚。你必恋慕你丈夫，你丈夫必管辖你。

——《创世记 3：16》

20 世纪初，美国的传统农业生活受到了一个新兴主导力量的挑战——现代化城市。

与不断发展的大都市生活有所不同，农场生活距离当初亚当和夏娃犯错被逐出伊甸园后的生活方式仅有一箭之遥。这种模式包括一个在土地上辛勤劳作、经营着自己一小片领地的男人，还有一个作为贤内助的妻子。对于以这种生活方式为基础的社会，《创世记3：16》提供了合理的故事、阐释和寓意。每个人都熟悉它，而且几乎每个人都曾这样生活着。

但是，随着妇女从旧秩序中获得独立，并获得了城市提供的教育和工作机会时，“你必恋慕你丈夫”不再是生存的必要条件。事实上，对于其中的一些女性来说，这句话已经完全没有意义了。对《创世记3：16》逐渐兴起的排斥导致了社会文化上的深远影响，其中之一就是提出女性应该有投票权。“夏娃在社会生活议题上可能会不认同亚当”，这个想法对于近两千年内都未被挑战过的神话来说，堪称重重一击。

进入20世纪之后，“美国女性与男性平等”的新神话开始艰难地扎根于大众的思维中。一个规模小而有影响力的妇女参政论团体开始在街头游行，要求女性要有投票权，引发了全美各地的激烈争论。这些女性逐步打开了神话鸿沟。然而，一位想要填补这一鸿沟的营销人爱德华·伯尼斯（Edward Bernays）赋予了美国女性一个仪式来践行妇女参政论者的故事，那就是吸烟，而非加入游行。

弗洛伊德的外甥爱德华·伯尼斯是公共关系领域的先驱者，率先提出了“公共关系”这一概念。与同时期的其他营销人不同，伯尼斯认为营销不是提供人们所期望的产品。相反，他声称能够用舅舅对心理学的新见解来创造新的欲望。

1928年，美国烟草公司总裁乔治·华盛顿·希尔（George Washington Hill）找到伯尼斯，提出了一个问题：旧有的关于美国妇女的故事使得女性过于温驯，这些故事是严禁女性在公众场合吸烟的根源。彼时仅仅几年前，纽约就有一名女子因在街头点烟而被捕。就像投票一样，在公共场合吸烟是男人的特权，这对烟草公司是不利的。于是伯尼斯提出了一个解决方案。

如果希尔试图推广的吸烟仪式有悖于古老的神话，何不赋予它一个动机充分的新故事呢？1920年通过的《美国宪法第十九修正案》[1]，标示了妇女参政论者里程碑式的胜利。妇女当然不会止步于投票权，争取平权的行动才刚刚开始。给这些女性正在书写的新故事提供一个“吸烟的仪式”，也许能将讲故事提升到神话的境界，而且过程中也可能卖出去大量香烟。

伯尼斯第一次产生这个想法，是在他将一支香烟递给弗洛伊德学说的分析专家之后，这位专家告诉他：“香烟是男性生殖器的象征。”

“不错，”伯尼斯说道，“如果女人想得到男人所拥有的一切，还有什么比想拥有男性生殖器更原始和本能的呢？”脑中想着这种对男性生殖器的渴望，伯尼斯潦草地写出了一个策略，将香烟与以《创世记》开头的改编故事结合在一起，引导女性如果想要拥有男人所有的一切，那么也会想要香烟。

伯尼斯雇了一群漂亮的年轻女子，冒充妇女参政论者参与到纽约的复活节游行里。在收到信号后，她们从裙下掏出香烟点燃，高声称之为“自由的火把”。“自由的火把”，这个说法早在伯尼斯写出来的那天就在不停搅扰着他的灵魂。

伯尼斯早前已向媒体透露了这场反叛行动。这场表演的内容不胫而走，很快颠覆了所有美国人的想象。全国各地的报纸争相讲述这群“妇女参政论者”的故事，香烟广告紧随其后，更加强化了她们的主张。曾经女性不得在公众场合吸引的禁令很快被瓦解了，仅仅十年内，就有数十个国家品牌专门为女性设计和销售香烟。

Why those who tell-and live-
the best stories will rule the future

是妇女参政论者率先打开了神话的鸿沟，使重构之后的《旧约》价值观焕然一新。她们成了这个强大的新神话中的主要角色，而这个关于美国女性权益的新神话至今仍在改变着社会。同时，是爱德华·伯尼斯这位营销人赋予了这个新神话以活力，使之能够在美国女性中间广泛流传和被践

① 内容是禁止任何美国公民因性别因素被剥夺选举权。——译者注

行。数百万美国女性每一次执行点燃香烟这一仪式时，都将迅捷而强有力地联系到新的故事、阐释和寓意。

WINNING THE STORY WARS 故事思维

垃圾和荒凉边疆的神话：哭泣的印第安人

神就赐福给他们，又对他们说，要生养众多，遍满地面，治理这地。也要管理海里的鱼，空中的鸟，和地上各样行动的活物。

——《创世记1：28》

就像《创世记》的故事教导男人应当统治他的妻子，人们应该如何对待地球也是非常清楚的：征服它。当第一批抵达美洲大陆的祖先看到那片即将成为新家园的广袤森林时，《创世记1：28》的描述就立刻应验了。相较于过度伐木的、拥挤的欧洲，这些人就好像回到了伊甸园，并有机会重新执行上帝的使命。从那以后，"原始荒野正待人去开垦"这一想法就植根于美国神话的核心。

所以，从一开始，美国的英雄就是先驱者、猎人和牛仔，比如戴维·克罗克特（Davy Crockett）、苹果佬约翰尼（Johnny Appleseed）、安妮·欧克丽（Annie Oakley）、约翰·韦恩（John Wayne）、兰博（Rambo）[①]——这些男人和女人愿意走出文明的安全区、走向边疆，为文明社会的居民清理出一片新土地。从西部片到太空史诗，我们的故事常发生在边疆，因为在这里才能够践行我们基于《创世记》的神话核心。

在边疆神话[②]的语言中，自然不被人类开发利用不仅仅是一种浪费，也是一种不道德的行为，或一种违背上帝诫命的行为。因此，

① 均为美国历史上或文艺作品中的英雄人物。——译者注

② 美国文学界将其界定为美国最古老而又最典型的神话，内核是西部拓荒和开垦精神。——译者注

边疆神话形成了两种形式的强大行动指引：一来，它指示美国人不断将边疆向外推进，不仅为了经济利益而开发土地，而且为了精神救赎；二来，它将土地上的原住民无法征服他们所居住的土地判定为“不道德”的，使驱赶原住民具有了正义性。

到了20世纪60年代，这个包含两部分的边疆神话有着庞大、普遍的文化共鸣，它简直就是为故事战争量身定做的营销素材。当李奥·贝纳（Leo Burnett）①接管万宝路香烟的广告案时，滤嘴香烟已被视为女士产品（伯尼斯一定为此感到自豪）。贝纳在广告中引入粗犷而俊朗的牛仔作为主角，为边疆神话赋予了新的象征和仪式，在这个仪式中，任何男性都可以彰显他的牛仔气概。万宝路牛仔一手造就了万宝路香烟的成功，使之成为一连几代男性最喜爱的香烟品牌。此前大多数万宝路广告只包含单一形象和品牌名称。因此这个神话堪称力挽狂澜，使这个万宝路牛仔即便一言未发，却至今仍被视为广告史上最具代表性的品牌代言人。

在万宝路牛仔诞生的同一时间，肯尼迪政府正在利用边疆神话的“野蛮”部分，为美国与越南之间的冲突辩解。正如美国神话学专家理查德·斯洛金（Richard Slotkin）所指出的那样，肯尼迪的驻南越大使马克斯韦尔·泰勒（Maxwell Taylor）陈述和证明了军事行动的合理性，就如同当年将“印第安人”驱出防御工事，以便“定居者”能够种植“玉米”。赴越南的士兵也乖乖回应了神话中的暗示，很多年来他们都将越南描述为“印第安国家”，他们像是在玩“牛仔和印第安人”的游戏一般去完成搜索和摧毁的任务。甚至在美国的边境被关闭后，边疆神话所产生的共鸣也依然生命力顽强，不断提供着故事、阐释和寓意。从吸烟到战争，每一件事情都可以看作是在为这一神话制定仪式。随后，事态发展开始出乎意料。

1962年，雷切尔·卡森（Rachel Carson）所著的《寂静的春天》（*Silent Spring*）登上《纽约时报》畅销书榜单，同时也创立了当代环

① 美国20世纪60年代广告创作革命的代表人物之一，李奥贝纳广告公司的创始人。——译者注

保主义体系。书中着重介绍了滴滴涕农药对自然的危害：这种号称能使土地安全种植玉米的农药最终将毁灭地球。这本书揭示了化学品意想不到的毁灭性的生态副作用，发动了故事战争，公然向《圣经》中征服自然的劝诫宣战。许多人第一次觉醒，意识到也许战胜自然同时也是毁灭人类自己；也许，人与自然本就不是两个对立面；也许，应该是人与自然共同对抗被湮灭的危险。我们曾经被上帝与自然界那可怕而强大的力量支配，然而正如奥本海默的原子弹使我们意识到人类兴许也可以像上帝一样强大，《寂静的春天》让我们第一次意识到，自然也许是受制于人类的。

神话鸿沟越来越大，生态焦虑症[①]开始在美国公众之间蔓延，并随着每一次自然现象的启示而日益加剧：臭氧空洞、物种灭绝，当然还有气候变化。“人类与自然对抗”这一曾经家喻户晓的神话，开始遭到社会上一部分人的怀疑。从那时起，环保主义者便开始孜孜不倦地改编和重写神话。而那些反对“抱树侠”（tree huggers）[②]的人似乎更狂热地痴迷神话，拒绝正视任何质疑经济增长的科学证据。

随着边疆神话中人与自然的关系开始被颠覆，美国人与“印第安人”的关系也是如此。对越战争的情况逐步恶化，反战的呼声日益高涨，美国以英勇的牛仔形象在边疆前线奋战的神话，日益被广泛而强烈地质疑。在废除奴隶制以来，民权运动的曙光又一次使我们意识到，美国并不总是站在正义和自由的一边。质疑的新思想与这种良知相结合，使许多人开始觉得，“正直的殖民者和邪恶的野蛮人”似乎是上一个时代遗留的旧观念。甚至西部电影也开始质疑过去对待美洲原住民的方式，电影体裁最终实现了 180 度转向，《与狼共舞》和《阿凡达》这类“原住民更具有美德”的影片成为常态。这些新故事中的西部牛仔不会去征服印第安人，而是向他们学习，最终成为英雄。

到 20 世纪 70 年代，由于边疆神话的两大支柱观点——“自然

① 是对环境灾难的慢性恐惧，认为环境污染与破坏将最终毁灭地球。——译者注

② 当时对环保人士的贬低称呼，认为他们是环保狂热分子。——译者注

应当被人类征服”和“印第安人野蛮愚昧”，都已在故事战争中四面楚歌，很显然，边疆神话需要一个更加现代化的版本。非营利性环保组织“美丽美利坚”（Keep America Beautiful）背后的营销大师准确抓住了这个机会。

尽管“美丽美利坚”从名称来看很像公益服务，但这个组织主要是对与食品包装相关的法律进行攻击。这些法律限制了食品包装浪费，并向一次性水瓶提高收费，而“美丽美利坚”组织却坚称减少垃圾应该是个人而非食品行业的责任。其中以“垃圾虫”为主题的宣传运动，将城市与公路遍布垃圾的罪责推给不讲公德的个人而非过度包装的企业。运动的标语“污染起于人，亦可止于人”显然隐藏了一个事实：人们每丢掉一箱垃圾，上游的生产活动会相应产生七箱垃圾。

1971 年，大量令人不安的生态议题涌现，越南战争也急剧恶化，边疆神话濒临瓦解，“美丽美利坚”恰恰在此时为人们的焦虑提供了完美的疗愈效果。营销人将其广告命名为《哭泣的印第安人》(*Crying Indian*)，该广告被视为有史以来最具代表性、很可能最有效的公益广告，同时也是精通故事战争的典范。

广告由常扮演北美原住民的著名意大利裔演员“铁眼”科迪（Iron Eyes Cody）出演。随着广告开始，庄严的音乐响起，科迪扮演的印第安人划着独木舟出现。镜头随即转向已被工业污染的、肮脏的河面上——这片被人类征服的土地上根本毫无美德可言。短短 10 秒内，广告就创造出了神话鸿沟，营销人能够填补它吗？

科迪把独木舟停到一个布满垃圾的沙滩上，解说员的声音警告道：“有些人对这个国家应有的自然之美怀有深刻而持久的敬意，可是另一些人却没有。”一辆汽车疾驶而过，有个混蛋从窗户里扔出一个塑料袋。镜头特写到印第安人的脸上，一滴眼泪滑落脸颊。这一刻，美国的各派政治力量，都与他一起落下眼泪。

但是请等一下——标语很快就要出现了，它将告诉我们，在这个尊重自然、重建美好的新故事中，每个人都可以做些努力："污染起于人，亦可止于人"。在这个故事里，印第安人是英雄，而汽车中的牛仔则成了反派。

Why those who tell-and live-the best stories will rule the future

美国公益广告协会中为"美丽美利坚"工作的那些营销人，像爱德华·伯尼斯一样，提供了适用于所有人的象征性仪式。人们通过预防乱丢垃圾和回收废品的行动，来克服神话瓦解的焦虑并重新找回道德感，于是终于能够与他们的星球和他们的过去和解。

WINNING THE STORY WARS 故事思维

茶、帐篷和美国梦：对经济危机的回应

每一个男人和女人无论出生时的偶然环境或家庭地位如何，都应该能够充分施展自己与生俱来的潜能，并因为他们本身的成就而得到别人认可。

——詹姆斯·特拉斯洛·亚当斯（James Truslow Adams），
"美国梦"一词的缔造者

当然，由于神话鸿沟造成的焦虑以及那些传播者所拥有的治愈焦虑的力量，持续推动着故事战争到今日。正如我所写的，美国的民主党和共和党双方最凸显的情绪便是愤怒。这愤怒或许便是美国神话破灭所导致的直接结果。

对于所有愿意努力工作的人来说，美国梦视自由与经济机会同等重要，这也成了美国这一杰出国家的核心观念。但是，2008年的经济崩溃以及政府出手救助那些"大而不倒"的金融机构，对很多人来说，似乎是在用激光瞄准器来摧毁美国梦。工作、养老金和自置居所，这些普通公民因努力工作而获得的奖励已经蒸发了，人们

珍视的“美国梦”突然变成了一个谎言。

由于这份愤怒而发起的具有轰动效应的两大运动：茶党和占领华尔街运动，驱动着数千美国人走上街头、占领各大媒体。此前无数自上而下的努力都无法俘获沸腾的民众的注意力，而这两个运动做到了。数字时代的特色在于，这两个运动作为的的确确的营销活动，反而看起来不像是营销，两次运动的引线都是非传统媒体，而这些媒体的目标就是创建一个表达政治愤怒的招牌。

这些运动在美国的情感影响来源于它们为“美国梦”这一神话提供了现代版，填补了那无法容忍的鸿沟。

如果这些运动拿得出政治纲领的话，这些纲领其实既不新颖也不独特。它们的突破点在于其象征意义：当代美国革命者和所谓的“百分之九十九”。

茶党引用了美国梦的起源——美国的开国元勋们坚定地宣布过，这片土地不属于统治精英们。他们的自由宣言正是美国梦的基础，不过是用经济术语表达的，毕竟波士顿倾茶事件是抵制赋税的行动。随着经济衰退，美国梦开始消弭，当代茶党试图促使美国人相信，经济衰退对社会繁荣的冲击实际上是一种对自由的攻击。通过穿上18世纪的衣服和将激烈的政治怒火径直指向“政府规模过大、疏于管理”，他们将金融危机的复杂原因变成了一个简单而熟悉的道德故事，将每个人重新联系到熟悉的故事上。通过具化梦想破灭的罪魁祸首，茶党担起弥合神话鸿沟之任，指出了一个明确的反派（政府）和一个明确的冲突（抵抗）。突然之间，经济崩溃已经不再是自然外力，而成了一场战斗。

成千上万人加入这场战斗，再次巩固了这个新神话。到2010年，胜利的成果依然显著，成立于华盛顿特区的宣传团体“繁荣美国人协会”（Americans for Prosperity）是运动中的重要组织力量，他们为茶党领导人举办了全国性的培训活动，并称之为“捍卫美国梦”。

占领华尔街运动也许有着很不同的政治目的，但是它的突破之处在于“百分之九十九”，也再一次肯定了美国梦的价值，并且提供了明确的人物和冲突。值得注意的是，占领华尔街运动传递的信息不同于茶党，它并没有试图主张美国例外论[①]的观点，而是认为自己是一个具有包容性的全球运动，不然它也会用与茶党相同的方式来填补神话鸿沟。“百分之九十九”是美国梦概念的缩影，同样认为任何愿意努力的人都应该可以实现经济上的富裕，经济的富裕不能只是强大精英阶层的特权。像茶党一样，“百分之九十九”也找出了一个“反派”，并将其追随者引入冲突中，以此集中了公众的怒火。只不过这一次，反派不再是反应过度的美国政府，而是变成了大企业（将华尔街的象征意义具化）及其身后唯命是从的软弱政府。

即便随着真正的占领运动逐渐放缓，但我们都很清楚，占领华尔街运动的真正战场从来就不是公园，而是关于美国是什么的故事。

这就是为什么共和党的发言人弗兰克·兰茨（Frank Luntz）说：“我很害怕这个反华尔街的运动，害怕得要死。他们甚至对美国人民如何看待资本主义产生了影响。”虽然大多数媒体关注的是街头冲突，但兰茨清楚地看到了这场因神话而起的、更重要的战斗。

这两个运动都成功了，因为它们填补了“美国梦”这一濒临破灭的神话所留下的鸿沟，提供了新的故事（提供了明确的人物和冲突）、阐释（告诉人们引起经济衰退的根源很简单）、寓意（劝告普通人要行动起来），甚至仪式（邀请人们去茶党聚会和示威者的帐篷里）。它们的治愈力和仿如病毒般的感染力并没有呈现在它们的宣言中，而是体现在它们所提供的新神话里。

Why those who tell-and live-
the best stories will rule the future

这些故事战争都是因这些运动而开始，从“自由的火把”到今天井喷似的政治运动，战争成功的关键在于神话鸿沟出现的那一刻就准确把握住它。每个营销人正在寻求如何利用时代思潮，除了跨越即将破灭的神话所

① 一种理论与意识形态，认为美国在世界上地位独特，与其他国家完全不同。——译者注

创造的鸿沟，没有更直接的途径了。这就是焦虑正在好转的体现，是人们正在寻求治疗和缓解的体现，也是创造新仪式的时机已经成熟的体现。

营销人成为神话的缔造者，这是值得兴奋的事情，还是令人恐惧的事情？尽管有些人本能地希望回到由萨满祭司、吟游诗人或牧师来统治的传媒局面，但短时期内这是不可能发生的了。营销人是最强大的神话缔造者中的一员，这已成为如今生活中一个基本的事实。营销人如果不利用这被赋予的强大力量就是愚蠢，这是他们走向成功的最直接的道路。事实上，本书便是在呼吁大家拥抱神话缔造者这一角色，加入故事战争中。但是如果愿意加入的话，也要接受这角色随之而来的责任。就像荣格、爱因斯坦、柯立芝这些思想家都清楚，这些故事不是闲来无事的胡编乱造，它们可以设定社会未来的发展方向。正如我们将在下一章中看到的那样，市场营销所设定的方向需要一些认真的反思。

WINNING THE STORY WARS

Why those who tell-and live-
the best stories will rule the future

04

“制造焦虑 + 推出解决方案”的故事黑魔法

大部分营销案例采用的都是简单的两步法：第一步，通过刺激欲望来制造焦虑；第二步，提出解决方案，即用消费来消除焦虑。这样的黑魔法套路对于我们今天面临的挑战已经失效了。

Marlboro
THE NUKE
BE AFRAID
Cadillac
BUY WAR BONDS
WHAT HE WANTS
Always a bridesmaid
LISTERINE
FEAR
INADEQUACY
GREED
ANXIETY
The New Times
U.S. DECLARES STATE OF WAR
One Battleship Lost, 1,500 Killed
FDR Aide Bares Toll In Air Raid
Japanese Embassy Staff Burns Papers
Lone Vote
FINAL EDITION
Civilization and Its Discontents
Sigmund Freud

2011 年 2 月 3 日，他们在塔里尔广场待了整晚。他们有 100 万人，也有人说不止 100 万。他们高唱着，叫喊着，在需要休息的时候就靠着彼此的后背。他们正在创造历史，尽管他们中的有些人在过去的几天里被杀害了，但抗议者们处在数量如此庞大的人群中仍然感觉很安全。

对于坐在人群中的一名年轻女子来说，这样的参与人数是一个奇迹——许多人甚至会称这个奇迹是她独立创造的。就在两个星期前，在同一个地方，阿斯玛·马夫兹（Asmaa Mahfouz）还感觉到深深的失望呢。她在 Facebook 上发出邀请，希望人们加入她的示威，抗议穆巴拉克政权，以支持那四名埃及自焚者。她甚至冒着危险留下了自己的电话号码。但那次的抗议者一共只有 3 人，还不及到场的警察人数，这是一个令人痛心的经历。

尽管如此，马夫兹还是相信，她自己和她的埃及同伴们的勇气是有力量的。因此几天之后，她发布了一个视频，大胆地在 YouTube 上露面，公开呼吁革命。

这仅仅比自焚的风险稍微小一点：“不要害怕政府。除了上帝，无所畏惧。只有当一个人亲自改变了自己的内在，上帝才会改变他的状况……快来与我们一起战斗，争取你的权利、我的权利、我们家人的权利。1月25日，我在这里，我要对腐败、对这个政权说‘不’。”

这段视频像病毒般立刻蔓延。成千上万的人看到了它，成千上万的人出现了。有些人因为看到了这样一位柔弱女性的努力，因自惭形秽而加入其中；有些人被革命的真实面目而打动，不再害怕这白日的光亮。从那一刻起，革命便势不可当，马夫兹也从那时起没有再离开过现场。

就在黎明之前，上百万人尽最大的努力保持着安静。对于抗议者和受命试图控制现场的政府军队来说，这一天都将是漫长的一天。

然后人群中出现了一道缝隙，随后又出现好几道。现在，机枪持续射击着，子弹射入人海中，枪声从四面八方响起。人群突然仿如触电一般，马夫兹的革命再次醒来。

几千里外，鞋履制造商凯尼思·柯尔（Kenneth Cole）也将面临一个大日子。他的春季产品即将在线发布——这季的新品在经典系列中混合了一些令人兴奋的新创意。但是因为埃及人的革命正蓬勃高涨，对他来说获得关注的确很是艰辛。这不是可以计划的事情，也不能责怪任何人，但不论如何还是很遗憾。

当然，柯尔意识到他的问题根本无法同广场上的那些孩子相提并论。他长时间以来乐善好施、支持艾滋病患者权益，也是穷人权益的拥护者。他知道比起卖鞋，生命中还有很多更重要的事，尽管如此，还是要利用大众媒体进行市场营销。因为柯尔一直坚持自己更新 Twitter，获得网上关注的难题也得他自己解决。

“也许我可以从中获得些乐趣，”柯尔想着，“每个人都在发布关于埃及的 Twitter，我未尝不可呀！”

如果目标只是吸引媒体关注，那便只是一幕辉煌，而柯尔即将获得比他想象的还要多的东西。

“开罗现在一片骚动，”柯尔面带微笑在键盘上敲打出，“谣传是因为他们听说我们的春季新品现在已经上线啦……——凯尼思·柯尔。”

“非常棒！”柯尔一定这么想。其实不然。

公众对这条令人尴尬的 Twitter 的反应是在意料之中的，因此在关注公众反应之前，我们应该注意到柯尔正在试图去做故事战争中的战士们所做的事情。首先，他发觉神话鸿沟正在显现出来。十年来，一个关于阿拉伯国家的强大故事已经在西方媒体世界中成型了，阿拉伯世界被描绘成风情迥异的疆域且十分狂热。很多人将这个故事作为美国支持穆巴拉克和卡扎非等人的正当理由。根据这个故事，如果国家里没有强者的话，那些信奉宗教激进主义的人民便会掌权。看看伊拉克：美国士兵在那里的街区来来回回地巡视，只因为叛乱者不肯接受民主的礼物。

突然之间，由于塔里尔广场的革命，世界终于真正和阿拉伯人面对面了，而这些我们曾猜想是宗教狂热者的人似乎与理想化的我们无异——爱好和平与民主、精通科技、善于创造。一个阿拉伯人民的新故事正在诞生，且持续发展着——开罗的革命将成为故事战争的一个完美战场，因为它挑战着一个早已根深蒂固的神话。柯尔只是希望旧神话被打败时自己也在场，乘着这场风浪取得成功。

柯尔的 Twitter 一发出，几乎立刻就有上万条评论，评论中说：

> “新奥尔良的人正在涌入凯尼思·柯尔门店。”
>
> 还有直入主题的：“你是不是有病？”

埃及革命当时吸引了全球媒体的关注，柯尔想从中渔利的愚蠢尝试以及随后袭来的嘲讽都被推上了头条。几小时之后，各大媒体都在报道这个故事，柯尔的制鞋公司不得不开始一个痛苦的倒带过程。“我的一生都致力于提高公众对严重社会问题的认识，”柯尔在 Facebook 上申辩着，“事后看来，我试图幽默地调侃一个正在反对压迫的国家，是非常不合时宜、完完全全不恰当的。”

柯尔的错误营销似乎是一个孤立的冲动行为，但并非如此。他在故事中放了清晰的寓意并因此一炮而红：生命中没什么东西比购物还重要。在塔里尔广场，正在发生着整个世界自 21 世纪以来最令人振奋的、积极的人类故事，营销人的回应却是：“那很好呀，不过还是去购物吧。”早在“9·11”之后不久，柯尔就曾举起了带有简单文字的广告牌：“上帝打扮美国。”此处的新颖并非是毫不客气的文字，考虑到许多营销人都能够一语双关地灵活运用语言，这一点并不意外。其创新之处在于，如今的观众可以立刻做出回应。柯尔知道他这一策略的危险性，因为一个愤怒的观众已经决定组织一次反击：他创建了一个假的凯尼思·柯尔品牌账号，获得了几万粉丝，全部纵情嘲弄着柯尔。在广播时代，观众会因柯尔如此缺乏判断力和品位而目瞪口呆，其中个别人甚至会写信以示抗议，然后便不了了之了。然而在数字口述时代，观众会即时发声以反击回去。

通过嘲弄某种具有更高追求的行动来宣扬无意识的消费主义，这是当前很常见的一种营销语言，也很容易失控。对于这一点，不只是柯尔见识到了。开罗相关 Twitter 事件之后不到一个月，红极一时的团购网站鼻祖 Groupon 推出了一组价值数百万美元的超级碗广告，也犯了相同的错误——过分宣传“生活中没有什么比以好价格买到好东西更重要”这一概念，受到全世界观众和博主的强烈谴责。

由于负面的关注像海啸一样，Groupon 首席执行官安德鲁·梅森（Andrew Mason）借助他的博客，磕磕绊绊地解释道：“我们的广告突出了 Groupon 在与更大的世界问题并提的时候，往往是微不足道的，这其实是在调侃 Groupon。”当然，这个解释无法控制住舆论的洪流，愤怒和嘲笑依旧源源不断地涌出。Groupon 公开向其广告代理商 Crispin Porter+Bogusky 公司开火，并多次尝试重新解释其立场，才最终得以将广告从公众视线中移除。

Groupon 和凯尼思·柯尔都试图把他们失败的品牌营销工作解释成是由于判断失误而在战争迷雾中犯下的愚蠢过错，人们可能真的相信这些解释。但他们遗漏了一点，我们这里看到的不是单独的错误，这类市场营销的错误例子，在这个社会上已经与我们共存了几十年。只是现在，信息化赋予了观众反对的力量。

这类营销信息否认人类应具有更高追求，它们已经成为主流营销语言的基础，而这种营销语言就是我所说的“故事黑魔法”，将消费行为强调为最高的人类目的。

正如我们将看到的那样，这个策略并不是赢得故事战争唯一的或者最好的方法，但是长久以来，营销人把它作为一种首选工具，在推销时尚、宣传候选人甚至是推动社会事务时都这么用。随着营销人成为神话缔造者，这种做法对社会产生了深远的负面影响。

这种做法有一段迷人的历史，它的根源可追溯到弗洛伊德、伯尔尼和供需缺口。如果我们要将今天故事战争造成的分崩离析的局面修补完整，就必须追溯这些根源，了解它们是如何导致了故事黑魔法的现代表现。

欠缺营销故事模型的诞生

每个人的一生都要接收超过 100 万条营销信息，其中，许多人在 18 岁之前就达到了这个数字。我们可以有意识地选择对这些信息有所行动或直接忽视它，但无法有意识地避免基于所听到的营销故事而导致的道德体系的心理构筑。这些信息逐渐影响着我们的自我感受、对世界的看法以及我们所处的位置。如果你目之所及都是设计好的故事指导着你的行动，而且这些故事告诉你，你是强大的、充满潜力的，你可能会相信它们，并践行这个信念。如果你被告知的故事有相反的信息，你可能也会相信，并采取相反的行动。

营销人一直试图否认这个概念。每当监管机构担忧广告对儿童乃至整个社会所产生的影响时，营销人就会指出，研究表明这些故事对人们的生活几乎没有或完全没有影响。然而，值得怀疑的是，全球广告费用每年已达 4 000 多亿美元。倘若没有预期的影响，没有人会花掉数十亿美元。

那么，为什么说今天的主流营销语言是黑魔法？荣格认为，每个积极的心理因素都有一个相反的阴影面，这也是乔治·卢卡斯《星球大战》中原力“黑暗面”概念的基础。原力是极其正向的，但被误解或误用后便会极其负面。当我们看社会中神话的传统功能时，可以清楚地发现，当前营销故事提供的信息所构建的道德体系与社会中最重要的那些神话所传达的信息恰恰相反。实际上，它们正在将神话中暗黑的那一面具象。

那么，什么才是神话合适的角色？在研究了贯穿数十个文化体和时代的数以千计的奠基性故事之后，约瑟夫·坎贝尔发现了神话的共同目的，一个令神话具有价值的主题，他将之称为“英雄之旅”。

在生命的末期，坎贝尔告诉比尔·莫耶斯（Bill Moyers）[①]，所有神话讲的都是“个体从依附到成年再到消亡的过程；还有就是如何与这个社会产生联系，以及如何将社会与自然世界和宇宙联系在一起”。简而言之，神话帮助我们成长。它们引领着利己、恐惧的孩子变成成熟的、聪明的、对社会有贡献的人。难怪小孩子们每一次都热切地要求听故事呢，他们想要学着成长。你有没有注意到，大多数经典故事的主人公都是学着成为成年人的青少年。想想《荷马史诗》中的特勒马库斯、《格林童话》里的糖果屋、刘易斯·卡罗尔笔下漫游仙境的爱丽丝、《绿野仙踪》里的桃乐茜，还有卢卡斯创作出的天行者。

正如坎贝尔在神话中的著名发现，那些关于如何成熟长大的故事便是我们直面生活中的困难时所依赖的神话，尤其是在变革中或者面临挑战的时代，我们可以清晰地看到周围的人对于成熟的渴望。无论是政治还是道德导向，大多数人都希望建立一个成熟的社会，公民目光长远，尊重民主，会做出妥协，为子孙后代留下一个健康的星球。

要提供帮助人类和社会成熟的故事，但很多现代的神话缔造者都达不到这样的标准。作为营销人，我们从前辈那里继承了详尽的故事叙述方法。即使我们认为自己是非常创新和特立独行的，也开始流畅地使用过去一百年发展而来的营销语言。这种主流语言是基于一个认为自身能力不足的方法，随后发展为“欠缺营销”（inadequate marketing）故事模型。该类故事

① 前白宫新闻发言人，新闻记者、著名电视人。——译者注

通过告诉我们，生活中不知为何总有些难以满足的缺陷，来鼓励不成熟的情绪，诸如贪婪、虚荣和不安全感。然后这些故事暗示可以通过简单的购买或利用某些品牌来消除这些不舒服的情绪。

相较于教我们如何在从孩子到公民这一艰难旅程中浮沉，如今的神话更乐于让我们像未成年人一样思考。顾客都是等着别人告诉他们想要什么，然后再心满意足地得到这些东西。即便是参与民主事务这一公民权利的重要表现，对于大部分人来说也在减少，只剩下很便利的投票，也许还有在保险杠上贴上印有政治标语的贴纸。参与投票的人在持续减少，如今已经下降到 50%，甚至更低，即便是简单的行动，对于今天的美国人来说似乎也成了过分要求。

坎贝尔通过神话这种方式来描述孩子式的少不更事："你不是一个可以对自己负责的专业人士，你只是一个顺从的依赖者，期许着接受惩罚和奖赏。"换言之，你算不上是一个合格公民。对于像爱德华·伯尼斯这样的营销人来说，他们首先承担了神话缔造者的角色，从供需缺口中拯救了美国的经济，因此保持人们这种未成熟状态，不仅对商业有利，同时也是道德上迫切需要的。

20 世纪初，爱德华·伯尼斯的舅舅西格蒙德·弗洛伊德向全世界介绍，人类思想可以作为一门科学被研究和理解。窥视弗洛伊德所阐释的心智会发现，它并不美好，事实上，它给出了人们大部分焦虑的原因。弗洛伊德描绘了一幅人类被潜意识深处的侵略和性的力量普遍驱策的画面。大多数人试图压制这些力量，但没有什么效果——它们植根于人们内心深处，终将会寻求其表达方式。"文化得利用任何可能的增援，以竖起反对人类侵略本性的屏障，"弗洛伊德写道，"因此，它过于理想地要求人们可以像爱自己一样爱他的邻居，而它也被事实证明，没有什么是如此彻底地与人类的本性不相符的。”

弗洛伊德在第一次世界大战爆发时居住在中欧，这场战争是一场无与伦比的恐怖的暴力冲突，他看到了无处不在地表明了人类危险和暗黑的证据。在机枪和携带着炸弹的复翼飞机的世界中，不难得出如此结论：为了避免进一步的野蛮行径，人类需要被控制和安抚。随后的第二次世界大战提供了更为令人心碎的证据，证明了这一点。

市场营销的先行者受到当代心理学的启发，认为这样的成熟对于大众来说是终究无法实现的。对这些人来说，鼓励他们踏上自我探索的旅程似乎是徒劳而又危险的。营销人认为自己是为了公益而行事，相信自己正在拯救处于经济和社交崩溃边缘的社会。所以他们着手去寻找一种可以避免这双重危机的营销语言，故而营销的黑魔法诞生了。它将是一种专门被设计用于创造不足感、刺激不成熟的欲望，然后通过消费品来消除这些消极情绪的语言。

设计和发展欠缺营销故事模型的人并不是20世纪20年代到50年代市场营销早期的小角色，而是该领域的核心人物。杰出心理学家和曾经备受瞩目的激励研究实践的创始人欧内斯特·迪希特（Ernest Dichter）[①]认为，“稳定的公民”通过花钱来满足欲望，从而消除沮丧。当然，一个稳定的公民通过购物来无害地摆脱危险，这种驱动力也是世界稳定的基础。迪希特的女儿说，她父亲和父亲的同事们认为，“他们正在锻造有史以来最伟大的社会，通过使用商品来帮助人们产生强烈而积极的自我意识”。

① 1907—1991年，美国心理学家，营销心理学先驱。——译者注

史丹利·雷梭（Stanley Resor）是20世纪20年代在广告业占有重要地位的广告人，同时也是全球著名广告公司智威汤逊广告公司（Walter Thompson Agency）的负责人。雷梭也是第一个将心理学引入营销行业的人，他宣传说，认为人类充满潜能和目的性是错误的。相反，他相信人类是无差别地由虚荣、饥饿、恐惧和欲望驱动的扭曲的群体。

接下来当然还有爱德华·伯尼斯了，他深信舅舅弗洛伊德的理论的有效性。事实上，正是由于伯尼斯的进取精神，弗洛伊德才首先在美国受欢迎起来。从20世纪20年代到50年代，伯尼斯似乎无处不在——领导着战争的宣传，重塑了总统的形象，代表联合果品公司策动了中美洲政变，出售香烟和汽车。他的办公室成了麦迪逊大道的宇宙中心。

伯尼斯被认为发明了从公关到产品放置的一切。他不仅仅将自己视作一个生意人，而更多的是一个构建社会的建筑师，关于他工作的这方面，他写了很多。他告诉大家，通过刺激内在欲望，然后满足这些欲望，营销人已经发明了一种方法来管理危险的、不受控制的大众。

伯尼斯利用他作为一个神话缔造者的角色，鼓励人们将个人选择视为在产品间的决定，而不是在命令群体或社会的方式间做选择。在他设计的世界里，公民的主要职责是消费，英雄之旅将发生在超级市场的安全限制之内，在那里没有人会受到伤害。

雷梭、伯尼斯和迪希特是市场营销早期的巨人，也是他们那个时代故事战争中最成功的战士。在他们奠定的基础上，市场营销的通用语言已经建成，并层层叠加。一旦你了解了它的公式，便会意识到它无处不在。虽然市场营销的手段不断发展，但黑魔法尚未走远。

制造焦虑 + 推出解决方案，故事模型 1.0 的套路

所有采用欠缺营销故事模型的故事都采用简单的两步法。一旦你知道公式，便会在身边的营销信息中立即识别出它。

第一步，制造焦虑

正如我们所看到的，所有基于故事的营销活动都包含了故事潜在的寓意，并提供了一种被认为是对寓意做出反应的仪式。在欠缺营销的故事中，始终以“你没有……”开始，并演绎出至少一种消极情感。

- 贪婪：“你没有能使你快乐的东西。”
- 恐惧：“你没有安全感。”
- 欲望：“你没有足够的吸引力来获得爱。”

你应该明白了。在早期的实验中，秉持欠缺论的营销人了解到可以通过设计故事轻易地唤醒其中某些情感，在这些故事中由于某些缺失引发了问题，导致了相关人物生活中的灾难。或者，他们会讲述令我们羡慕的一些人的故事，因为这些人与我们不同，他们已经克服了缺失，填补了空白。

第二步，推出解决方案

面对这些不断涌现的情感，传统神话的成熟主角们会抵制沉迷于这些情感的诱惑中。很多书和电影总是告诉我们，这是我们应该做的：几乎要被至尊魔戒的诱惑力所征服的弗洛多必须把魔戒扔进深渊，否则会沦为一

个贪婪的怪物；耶稣的最后一个考验是抵制撒旦给他的对权力、财富和世俗生活的诱惑；白雪公主的继母必须放弃自己的虚荣心，否则便会落得被虚荣心毁掉的下场。

英雄总会提醒自己，没有什么能够真正地满足贪婪、虚荣和欲望。当然，传统神话里的道德观告诉我们，必须战胜这些冲动。

要克服这些情感，的确是说起来容易做起来难。这也是为什么说成熟是困难的。而欠缺营销的故事提供了一个更直接和更方便的答案。这些营销人通过准确地提供人们要找寻的东西，并让人们能够轻轻松松地以消费的形式获取这些东西，神奇地舒缓了欲望。他们告诉耶稣屈服于诱惑——善待自己，这是你赢得的；他们给虚荣的白雪公主的继母一个神奇的护肤霜——嘿，60 岁又变成了 30 岁。

欠缺营销的故事告诉我们，某些产品可以满足我们内心深处的缺失感，要让人相信这些故事，需要大量象征性的神话虚构的想象。不过这些故事真的有效。我们这几代人开始相信，快乐可以从购买一瓶可乐中获取，地位可以从坐在凯迪拉克轿车内获取，性感可以从劳力士齿轮的转动间获取，安全可以简简单单地通过给严打犯罪的政治候选人投上一票获取，而与过去和解可以通过废物循环利用来实现。当然，对于那些不熟悉欠缺营销模型的人来说，上述这些说法都是荒谬的。但是一旦你使用了这种语言，就像我们现在做的这样，这些陈述就完全说得通了。事实上，这些陈述也许是现如今全世界所共享的唯一真实的言论了，它们是最完好无缺的、可操作的神话。

讲述一个可以制造焦虑的故事，然后再推出一个神奇的解决方案，这是基于欠缺营销模型而采取行动的两个步骤。随着实践的发展，我们可以清楚地追踪该模型几十年来的发展轨迹。早期的欠缺营销模型是未经修饰的、大胆的，我们可以称之为原始的欠缺营销模型。这时行动的主要压力在策略的第一步：制造焦虑。

随着欠缺营销模型变成广告中的主流力量，观众逐渐明白了原始的市场营销方法所暗含的信息，这迫使欠缺营销模型进化为现代欠缺营销模型。越靠近现代，压力越多地转移到了第二步：推出神奇的解决方案。在现代欠缺营销模型中，焦虑也许会被隐晦地提出或者仅仅只是些假设。

在以凯尼思·柯尔和 Groupon 为代表的声称是半开玩笑的后现代欠缺营销模型的故事里，消费的重要性已经不止体现在对于焦虑的治疗，它更是治疗任何事物的一种方法——面对生活中不美好的经历，采用购物治疗法。

当我们去看欠缺营销模型的构成时，会毫无疑问地听到数以千计的市场营销活动的回响，这些营销活动已经填满了你个人的媒体视野。你甚至可以听到你自己做出的在信息传播方面的努力回响。

欠缺营销故事模型的发展轨迹

原始的欠缺营销模型

1922 年，杰拉德·兰伯特（Gerald Lambert）为了产品的销售而焦躁不安。他的父亲发明了李施德林（Listerine），一种良好的手术消毒剂，也在治疗喉咙感染上取得了成功。但因为市场太小了，李施德林没法成为一个值得兴奋的生意。于是兰伯特与广告人米尔顿·费斯利（Milton Feasley）和戈登·塞格罗夫（Gordon Seagrove）一起，为这个卖不出去的产品头脑风暴了一些新的想法，比如提议可以用它改善不良口气。所以当一个药剂师确认李施德林真的对“口臭”有效时，激起了兰登他们的好奇心。他们以前从没听过“口臭”这个词，听起来感觉有些吓人，但这种医学上的吓人又有可取之处。不久，他们提出了一个计划，打造出了史上最成功的个人护理产品。费斯利把活动策略称为“耳语复制”和“恐惧广告”。

于是，出现了广告《总是当伴娘，从未当过新娘》，介绍了一个不幸的年轻女子埃德娜，她 30 岁，单身，没有她所期望的地位、安全感和性吸引力。更糟糕的是：“由于口臭不会告知受害者自己有口臭，所以口臭的时候，你根本无法知道。”突然间，没有人听说过的情况成了全国的恐惧。通过可怜的埃德娜的悲剧经历，美国人将一个艰难而重要的故事中的道理，变成了他们观念中的一部分：“你不是安全的、性感的或者拥有你想要的东西，因为口臭默默地挡住了你的路。”

《广告时代》将《总是当伴娘，从未当过新娘》列为 20 世纪顶级营销活动榜单上的第 48 位，比《哭泣的印第安人》还要高两位。当然，“悲伤的埃德娜”不止让李施德林卖了几百万美元，她也将成为个人护理产品美国新神话的奠基女神。这个神话反过来又将为数十亿美元的美容行业打下基础。

幸运的是，可以通过一种方式来缓解口臭的焦虑，方法就是每天使用李施德林。在这个应用原始的欠缺营销模型的例子中，重点是创造焦虑，然后直接推出解决方案。营销活动的魔力不在于使读者相信李施德林能帮助治疗口臭（虽然它的确可以治疗），真正的魔力在于使人们相信李施德林可以克服产品宣传所灌输给你的那种恐惧。

按照今天的广告标准，“悲伤的埃德娜”似乎有些陈旧了，自此欠缺营销模型开始了显著的进化，但是原始方法的影子依然存在。2011 年，一支由微风度假村发布的广告问观众：“你有没有觉得别人比你拥有更多的快乐？是的。那么是时候去追赶了。”

即便是比见利忘义的费斯利怀有高尚得多的意图，这些营销人依然不断求助于“耳语复制”和“恐惧广告”。

几年前，绿色和平组织提供了一个完美的例子。该组织打造的广告位列《广告时代》评选的 20 世纪顶级营销活动榜单的第 32 位。广告讲述了一个年轻人走过办公室时，他的同事在他的身后侮辱他。有人对他竖中指，另一个在他的咖啡里吐了一大口痰，有人在他背后贴了一张内容污秽的便条。他是一个被排斥的人，完全不被同事接受。他不是安全的，不是性感的，也没有地位。然后，他走到停车场，登上一辆 SUV。他甚至没有意识到自己被欺辱了。同样，来自生态的敌意也不会表明自己的存在，所以你根本没办法知道是否正在受到它的威胁。但是我们可以保护自己，因为我们可以从这个年轻人的错误中去学习。

绿色和平组织的广告代理借助了久经考验的欠缺营销模型。但我很高兴看到这个广告在数字口述时代并不受欢迎。由于环保人士公开反对，所以这支广告很快就停止传播了。

现代欠缺营销模型

林登·约翰逊（Lyndon Johnson）在 1964 年策划的广告《雏菊》和《总是当伴娘，从未当过新娘》列在了《广告时代》评选的同一个榜单里，排名 100 位。同口臭广告不同，《雏菊》不需要从零开始制造焦虑——罗伯特·奥本海默已经在 20 年前就奠定了这支广告所需的基础。

在这个广告中，有一个小女孩摘下花朵上的花瓣，一片接一片地计着数。然后画面冻结在小女孩的脸上，旁白开始从十倒数，然后几乎是每个人梦魇的蘑菇云出现了。我们可以将这个小女孩想象成原子弹所带来的破坏中微不足道的一小部分。一直以来，潜伏在人心深处对世界安全的忧虑，被生动地带到了电视屏幕上，焦虑淹没了冷战时期的观众们。

约翰逊先是引用了诗人 W.H. 奥登（W.H. Auden）的话："我们必须彼此相爱，否则只有死亡。"紧接着："11 月 3 日为约翰逊当选总统投票吧。这赌注对你们来说太大了，不要待在家里。"

这个故事的道理当然是："你和你的孩子不安全"。使用现代欠缺营销模型，这个广告无须去制造焦虑，只需要实际上唤起深层的、预先存在的焦虑即可。

随着我们从原始方法向现代方法的推进，也许根本不会明确地刺激"自身有所欠缺"的这种感觉，但是营销人非常依赖这样的焦虑感。牛仔裤广告中展现了对异性有异常吸引力的青少年，从而暴露出年轻人内心对于被拒绝的恐惧；封面女郎的广告由保养得当的德鲁·巴里摩尔主演，表现了女性对于逝去青春、美丽、性感的恐惧。

人们讨厌纠缠不休的、以恐惧为基础的政治广告，诸如《雏菊》或者老布什臭名昭著的《威利·霍顿》（*Willie Horton*）广告，因为我们的理性头脑知道，往投票箱里投票不足以解决他们提到的巨大问题——即便我们情感上觉得有趣，但是我们的智商却被冒犯了。当然，李施德林能可靠地治疗口臭，但是给约翰逊投票真的可以将核武器放出来的魔鬼关回瓶子里吗？我们头脑中的答案是否定的，但是当我们的恐惧被有效地刺激出来的时候，我们没有有力的积极神话指导我们，没有其他的选择，我们只能就范。

后现代欠缺营销模型

终于来到最新的欠缺营销模型的表现形式了。在这个阶段，营销人指望人们都完全熟悉能够神奇地解除焦虑的营销语言。我们可以跳过创造焦虑的第一步，直接进入第二步，推出神奇的解决方案。

在被不断告知品牌是解决生活中所有问题的方案之后，我们渐渐地相信生活中没有什么是更重要的。将这个观点进行荒谬的极端化，同时仍然肯定所推出的解决方案的价值，成了幽默营销的沃土。欠缺营销模型嘲弄着自己所代表的观点，可同时又强化着它的信息传达，正如Groupon的首席执行官梅森十分努力地解释道：“我们的广告突出了Groupon在与更大的世界问题并提的时候，往往是微不足道的，这其实是在调侃Groupon。”

是的，从某种角度来看，梅森是在调侃他自己，但是真实的、深层的信息是：“当你可以得到便宜美味的美食的时候，谁在乎身处水深火热之中的人们啊？”

当提及他们这些糟糕品位的时候，后现代欠缺营销模型的使用者恳求人们放轻松，说那只是个玩笑。但是这些故事的道理可是相当严肃的——消费的魔力胜过了所有其他人类价值观。公民参与被勾画成一种过时的天真的生活方式。显然，关于埃及革命根本没有什么天真的成分——它改变了世界。正因如此，凯尼思·柯尔才看起来如此脱节。

使用后现代欠缺营销模型的营销活动比比皆是，它们的特点是，人们痴迷于一个品牌时，就会愿意做出离谱的事情以得到该品牌的产品，如果得不到就会非常痛苦。

拿《汉堡王吓坏坏》广告举例：一个隐藏的摄像头偷偷记录了汉堡王的顾客在听说招牌产品皇堡（Whopper）不再供应时，展现出各种意想不到的孩子气的崩溃状态。这个偷拍视频在网上得到了病毒般的传播，证明数字口述时代更喜欢后现代的方法而不是被诟病的原始方法。

百事在 2011 年超级碗上的《第一次约会》广告，除了最基本的人类价值观，它对一切都不屑一顾。一个年轻女人凝视着她的约会对象，想知道他挣多少钱、是否想要孩子、做什么工作，以及是否喜欢自己。而男人的脑子里就只有一句话一直在回荡着："我想睡她，我想睡她。"然后一瓶百事极度（Pepsi Max）[①]被放到桌上，男人的脑子里立刻转变成："我要百事极度，我要百事极度。"这没什么不对，男人们都是巨婴，除了性爱什么都不想要——哦，还有他们爱的产品。

《汉堡王吓坏坏》和《第一次约会》是我们所期待的营销故事的典型，只要你不想得太深，它们还是很有趣的。但是了解了故事黑魔法以及它对世界产生的深层影响的话，就很难笑出来了。

故事模型需要升级

人类今天面临的挑战与我们的营销前辈面临的挑战一样紧迫，但却非常不同。过去，危机一度是源于消费不足，而现在似乎却是因为人们消耗得过多。消费危机的迹象此起彼伏，无可争议。即使你不相信人类造成气候变化，也不可能忽视关键资源开始减少，物种正以惊人的速度灭绝，森林和礁石正迅速地消失。在目前的消费水平下，我们马上就会达到真正的极限，随着工业化国家进入西方的生活方式，世界各地的消费水平都会高涨。

① 百事极度：百事可乐公司的低热量产品。

据全球足迹网络估计，人类目前使用的资源是地球每年可再生资源的1.4倍，如果每个人都像美国人一样消费，人类就需要4颗地球才能满足需要。正如爱因斯坦建议的，是时候建立一个新的思想了。

历史表明，欠缺营销模型真的有效，尤其是在观众容易受控的广播时代。但是像爱德华·伯尼斯和欧内斯特·迪克特那样持续驱动人们“不惜一切代价消费”的心理显然是不可取的。不仅如此，消费也无法像承诺的那样提供快乐或者令人们免于焦虑。美国人在20世纪50年代开始广泛消费，国家的幸福指数达到了巅峰。但是当我们以房子的面积、车子的数量、垃圾的产量、花费和挣得的美元来衡量的消费率翻了不止一倍之时，个人幸福感的指标开始趋向平稳，甚至下降。也许是因为我们工作时间更长、有了更多的债务，我们的焦虑依然在被神话缔造者不断地激起。

贯穿消费神话的最强大和最持久的元素之一是衡量经济“健康”的指标。如果你有收听美国国家公共电台的《市场》栏目，就会发现，每当市场上涨时，配乐的旋律会很轻快，当市场下跌时，则是忧郁缓慢的旋律。道琼斯指数本身长期与国民生产总值的上升和下降挂钩，它将进入市场中的数以百万计或悲或喜的成分和因素非常精妙地简化后呈现给人们。我们并不需要去考虑这些因素，因为随它而来的音乐和神话会告诉我们怎样感知。在消费支出的推动下，国民生产总值对于上一个时代的营销人来说是一个毫无疑问的好处。但是这种文化故事的困境早在四十多年前就已经被揭露了，甚至比想象出来的当前的危机还早得多。正如罗伯特·肯尼迪富于表现力地说道：

……我们是否应该以国民生产总值来衡量我们的国家呢？它

衡量了空气污染、香烟广告、高速清理事故的救护车；它衡量了我们家门上特制的锁，也衡量了为那些破门而入者准备的监狱；它衡量了红木的破坏程度和自然奇观的遗失……可是，它既无法衡量我们的才能，也无法衡量我们的勇气；既无法衡量我们的智慧，也无法衡量我们的学习能力；既无法衡量我们的同情心，也无法衡量我们对国家的贡献。简而言之，它衡量一切，唯独无法衡量那些令我们生活有价值的东西。它讲述关于美国的一切，唯独没有讲述我们作为美国人而自豪的原因。

如果我们衡量的是我们所珍视的，那似乎我们的价值观已经不能再为我们服务了。好消息是我们有技术和沟通手段可以重新思考我们的生活方式，并以之前意想不到的速度调整它们。我们只需要成熟的人来参与讨论社会将从此处走向何方，我们需要几百万人乃至数十亿人，共同坚持对这个困难的讨论，引领我们走出岔路，重回主流。一个满是不成熟消费者的世界是不会引领我们走向该去的地方的。

关于神话，约瑟夫·坎贝尔比任何人都知道得多，他可能会说，现在该有一个全社会的英雄登场了。实际上，他就是这个英雄："关于现在和不久的将来，唯一值得思考的神话就是关于整个地球的神话，不是城市、不是这些人，而是整个星球和星球上的每个人。这是我关于未来神话走向的主要想法……如果不快点行动，你们会一无所有。"

作为神话缔造者，营销人在制造社会故事方面有着巨大的影响力。营销前辈曾经这么做过，将一个以清教徒价值观为基础的国家变成了一个被消费的快乐所驱动的国家。用我们所学到的一切，一定能做出另一个改变，一个适合我们现在所处时代的改变，如此我们才能兴盛繁荣。品牌曾经完全依赖不断增长的消费和废物处理来驱动企业利润，所有行业的公司现在都有更多的盈利途径。像网上租车公司 Zipcar① 或者大型分类广告网站克雷格列表（Craigslist），从卖出更多的服务到提供协作的消费解决方案，再到提高能源效率，或者革新方法以使用更少的原材料制造出人们想要和需要的产品，新模式层出不穷。我们完全不需要任何公司或者组织必须坐下来面对面谈论，如何创造出一个更好的未来。

你不必被"消费已经将我们带向了生态和社会危机"这一信念所驱使。你可能通过崩溃的价值观、失控的贫富分化、政治上的无礼行为或者其他任何紧迫的现代问题，看到了当前的挑战。无论是透过哪个镜头看到，你也许已经明白，时代正在飞速变化，挑战被放大，对于充满智慧的、彼此尊重的对话有着大量的需求。这些挑战无法简单地靠那些只关心便利、安全和地位的人解决——有科学已经证明了这一点。研究表明，接触电视广告与追求外在价值之间存在因果关系。追求外在价值的人非常重视别人的看法，他们关心社会地位、物质财富、赞美和权力。追求这些外在价值已经表明会影响人们对于接受公民角色的自愿度，更加重视外在价值的人会表现出更多的偏见，而较少关心权利和保护环境，并且会出现更高程度的抑郁。世界需要舍弃鼓励这种心态的黑魔法故事，还有很多像塔里尔广场那样的时刻正等着发生呢。

我们穿过了一个分崩离析的世界，剩下的旅程会穿过故事战争最精彩的部分，揭示拒绝黑魔法的营销人是如何取得标志性胜利的，更重要的是，也为后人制定了一个循序渐进的计划去超越他们，创造一个新的可以赢得故事战争的故事模型。

① 想了解有关 Zipcar 的更多故事，推荐阅读由湛庐文化策划、浙江人民出版社出版的中文简体字版《共享经济》。——编者注

WINNING THE STORY WARS

Why those who tell-and live-
the best stories will rule the future

第二部分

四步打造故事模型 2.0

战胜故事黑魔法的三条戒律

费城，1875 年。约翰·鲍尔斯停了下来，手搭在铜把手上颤抖着。他在努力克制住颤抖，告诫自己如果无法克制内心的怒火，便不会再向前走。但是过了一会儿，情绪没有任何变化的迹象，他推开了巨大的玻璃门，冲进了宾夕法尼亚车站。

这个车站内的百货卖场近来充满了新时代的迹象，令人叹为观止——优雅、熙熙攘攘、充满着快速逼近的新世纪的希望。鲍尔斯拎着一个塞得满满的皮包，汗水滴落进眼镜后面的眼睛里，步履几近疯狂，此时的他看起来并不像是一个高兴的购物者。

“欢迎来到沃纳梅克百货公司（Wanamaker's）。”一个年轻人站在鲍尔斯的面前，热情地想要引导他去往寻找的东西前，抑或是目送他出去。

“他在哪？”鲍尔斯急促地呼吸着，扫视着卖场里数以百计的陈列台。裤子、裙子、灯具、领带，他知道如何卖掉这一切。

“谁？”

“沃纳梅克。跟他说，鲍尔斯来了。”

年轻人看起来满是怀疑，但是这个狂人的目光告诉他，他别无选择。他跑着去确认约翰·沃纳梅克是否在办公室里，是否认识一个名叫鲍尔斯的男人。

在一张放置领带的桌旁，商品被清理在一侧，为放文件留出了空间，鲍尔斯大概准备了 20 份精心设计的广告文案，此时他听到了身后传来的脚步声。

“鲍尔斯！”沃纳梅克向鲍尔斯伸出一只手，鲍尔斯用力地握住。沃纳梅克问道：“我们今天有约吗？”

沃纳梅克当然知道他的广告代理为什么来，也知道将有一场无法避免的愤怒的对峙，这便是与费城乃至全美唯一一个令沃纳梅克信得过的人做生意的代价。鲍尔斯为他写的广告方案驱动着购物者蜂拥而至，简直令他难以置信。从他们合作开始，这几年沃纳梅克百货公司的年销售额已经从 400 万美元增长到 800 万美元。但是有比数字更重要的东西令沃纳梅克忍受鲍尔斯的倔强脾气：他是唯一一个说实话就可以产生效用的广告代理。这是沃纳梅克作为一个有着深深宗教信仰的人所要求的，沃纳梅克百货公司的这一顾忌也是出了名的。就是这个人发明了价签，因为他认为如果所有人在上帝面前都是平等的，他们也应该为同一个东西付平等的费用。对于沃纳梅克来说，讲真话是做生意第一位的、不可更改的准则。

尽管如此，这一次即便是对于沃纳梅克的标准来说，鲍尔斯也真实得过头了，所以才有了这场愤怒的对话。

“沃纳梅克先生，这 20 个广告是我为你准备的。每一个都完美地代表了你这里出售的物品，”鲍尔斯开始咬牙切齿地说，“每一个都讲述了一个小故事，像我之前为你写的所有广告一样，会吸引顾客来买这些商品。可是为什么你全部都反对呢？！”

沃纳梅克拿起了放在他面前的一份文案。

“价格有些变态，但和我们无关？”沃纳梅克大声地念道。“还有这一个，你说我的领带‘没有看起来那么好，但是对于 25 美分的价格来说，已经足够好了’。”

“这个广告会成功的。”鲍尔斯说着，并从沃纳梅克的手里扯回了这份广告。

“你正在将我们对于真实性的协议变成一个笑话，不是吗？你是个广告代理，我付钱给你，让你去制作可以吸引顾客的广告，而不是让你将他们赶走！”

鲍尔斯怒发冲冠。他不喜欢“广告代理”这个词，沃纳梅克也知道。广告代理商是一群没有底线的人，他们铆足了劲两头欺骗客户：向广告主大笔索要在报纸上刊登广告的费用；而且如果刊登的内容不符合他们的需求，他们会以撤销账户为由来威胁报业。对于广告代理来说，写文本只是一个可有可无的步骤。对于像沃纳梅克这样的人来说，代理都是低级的人，经常被人诟病。鲍尔斯认为他自己要高贵得多——他是一个广告文案的撰稿人，这个职位是他首创的，所以也常常令听到的人感到茫然，但沃纳梅克应该很清楚。鲍尔斯开始整理他的文件：“这些领带本来就‘没有看起来那么好’，你有了更好的领带，我才会重新写广告。也许你喜欢的是丽迪亚·平克汉姆（Lydia Pinkham）这种广告风格，它没准能带给你想要的那种感觉。”

丽迪亚·平克汉姆的植物合剂一经推出立即获得了认可，并被广泛复制，完全没有底线。21 世纪最无所不在的广告，已故的丽迪亚·平克汉姆在各大主流出版物的页面上瞪着眼，鼓励读者写信给她，帮助她们解决妇科问题：“保证治愈子宫脱垂、白带、痛经、妇科炎症、产后出血，以及两性生殖器官的所有病症。”

这种合剂的酒精浓度接近 40 度，所以它的疗愈方法基本就是让你不再清醒。所有其他的说法都是无价值的东西，是夸大其词的谎言。然而，这个“专利药品”占领了广告领域，传播对于疾病的恐惧以及对于疾病治愈的错误希望。其他的行业也都如法炮制。

鲍尔斯的风格是任何人都可以认真对待的唯一的选择，他采用了完全相反的做法，在沃纳梅克百货公司的广告中以一种安静、朴实的语气宣传商品。他的广告就像短篇小说，为观众设定了情景，其中有意想不到的简单的转折，并且在营销的产品中注入了幽默，他把这叫作“讲相反的故事”。这个方法成功了，他确信可以将这个方法应用到各处。沃纳梅克感到非常惊奇。

沃纳梅克温和地拍了拍鲍尔斯的肩膀：“好吧，鲍尔斯，发行这个广告吧。如果我们那些领带卖得好，你可以再发行剩下的其他广告。现在就先发一个广告吧，我今天只能同意这一点。”

鲍尔斯将文案放回他的公文包，什么都没有说，微笑着大步走出了商店。到下周，领带将会卖光，店员会对平稳的客流量感到惊叹，顾客会开心地感谢这诚实的广告。鲍尔斯是广告史上第一个伟大人物，也许是第二人，如果算上丽迪亚·平克汉姆的话。

但是 20 年后，鲍尔斯依然很生气。那天他赢得了领带的战争，但是自此之后便输掉了关于真实的战争。沃纳梅克最终厌倦了他强硬的态度而终止合作。鲍尔斯转向新的客户，每一次都利用故事而不是夸张的手法，去帮助建立一个标志性的品牌，但每一次都无法让客户始终坚持陈述真相，这令他很久以前就已经判定广告业是不负责任的。每个人都很想知道“诚实的约翰”成功的秘密，但是一旦听到后，又似乎会自动忘记。

所以，当一名来自新广告业杂志《印刷商的油墨》(*Printers' Ink*) 的记者敲响鲍尔斯办公室的门的时候，他一边打发这名记者离开，一边露出了一抹意味深长的笑容。

“我没兴趣接受采访。”鲍尔斯告诉那个记者。

当这个年轻人转身离开这位老圣贤的办公室的时候，鲍尔斯重新思考起来。他觉得这是他最好的机会，可以给那些需要听到的人讲述真相，也许这也是广告业从业者拯救自己的最后一次机会了。他的话将成为著名的鲍尔斯“三条戒律”：

- 第一，广告要想成功，就必须拥有观众的注意力，这意味着广告要有趣。
- 第二，要坚持真实，这意味着无论商家的生意有任何问题都要去纠正。
- 第三，如果真相无法讲述，那就修正到可以讲述。

这便是全部。约翰·鲍尔斯在笔记本上草草写了几笔，随后被一本一百多年前的小型行业杂志转载，他给我们讲述了需要知道的一切。

- 要有趣。
- 讲真话。
- 如果你无法讲述真相，那就改变你所做的，直到可以。换句话说，就是践行真实。

一个多世纪以后，这些简单的陈述仍然是我们赢得故事战争的最佳指南。实际上，在数字口述时代，它们已经比以往任何时候都更有意义了。它们是五大致命之罪的救赎利器，是战胜故事黑魔法的终极武器。

本书接下来是对这些戒律的探索，并提供了三个训练指南，以期赢得品牌受众的注意力。

第 5 章和第 6 章将从“讲真话”开始，这条戒律允许我们去定义自己的故事策略。在这里，我们会学习有利于构造故事的基本原则，这些故事会提升神话的水准。正如我们所见，人们基于这些故事来塑造自己的生活和身份。如今，如果我们希望加入故事的战争中，就需要学会加入那些控制着当今神话的营销大师行列中。

这部分内容探讨了在每次营销中如何通过定义和捍卫故事里强有力的寓意，达到为品牌定位的目的。在学习讲真话的时候，我们会发现有些故事寓意比别的更真实。那些形成欠缺营销模型的基础和影响消费者心态的人并不是简简单单被自然选中而备受青睐的。那些把讲真话作为核心神话的营销人总是在呼吁人们变得成熟、拥有更高尚的品质，这些神话在古代时就很盛行，如今仍能抓住大众的注意力。

在第 7 章中，我们会学习一些技巧，像讲故事一样来部署品牌的策略。在这里，我会揭示讲故事的三个方法，它们在获取和保持注意力方面有十万年的经验，我将它们称为“怪胎、骗子和熟人”。这个方法适用于任何讲故事的尝试，在数字口述时代，许多最为成功的营销作品都有它们的踪迹。我们将解读其中的三个突出案例。

第 8 章探讨第三条戒律“践行真实”，呼吁营销人领导企业和组织基于他们所讲述的故事中的道理来做事。在这一章，我们会发现意义深刻的故事会创造出意义深远的期望。在这个信息透明的数字口述时代，我们要么走入这些期望，要么被它们压制。践行真实令营销人挑起了英雄的角色，赋予了他们改变企业和组织的运作方式的力量。

WINNING THE STORY WARS

Why those who tell-and live-the best stories will rule the future

05

步骤一，确定故事的核心价值观

从普世价值观中选择那些强调真实的而非虚伪的价值观、强调受众的英雄主义特质以及自我意识而非消费者需求的价值观，来作为核心价值观，这样的故事会更容易引发大众的传播和分享。

Love
NOT STAR SHAPED
SELF ACTUALIZATION
SELF ESTEEM
SENSE OF BELONGING
SAFETY NEEDS
SHOPPING LIST
JUST DO IT.
Think differe
Think
small
YES WE CAN
What if?

当我还是一个十几岁的孩子时，一半的时间和母亲待在家里，另一半时间和父亲一起投掷棒球。我们已经心照不宣地将棒球作为要全心投入的运动：在我一次又一次迷迷糊糊地让人踢进乌龙球之后，我的足球生涯宣告结束；在一次次毫无收效的投篮训练之后，篮球也被舍弃了。我太矮了，速度也很慢，而我的父亲，由于对自己唯一的儿子充满了不切实际的梦想，被逼到了接近绝望的状态。然后，他想明白了，只要有足够的练习，任何人都可以学着当棒球投手。所以我们每天一起到后院去，我一个接一个地将球投向想象中的击球员。

我 13 岁的时候已经可以很好地控球，投掷出完美的曲线，投出的棒球会飞向击球员头部，在最后一刻改变方向直接落入好球区。将球投掷到对面捕手的膝前成为最令我痴迷的事情，因为这个位置可以最清楚地看见裁判用动作示意击球员三振出局。棒球投手只对一样东西有要求——一个好的棒球。皮革的质地和接缝的细密程度都会对投掷有影响。我很依赖手中棒球的质量，渐渐地，我只要指尖一触到球就能立即判断出这个球能否打败击球手。我开始相信，我已经精通了棒球的一切。

然后有一天，我发现我家的狗将一个特别好的棒球撕扯开了。我将球从小狗的口中取出，愕然看到我熟悉的棒球内部是一团紧紧缠绕的线，我至今仍记得当时震惊的感觉。倒不是因为我预期球里面会有别的东西，而是我意识到自己此前从未想过，在这非常熟悉的东西表面之下到底是什么。

我坐在沮丧的小狗旁边，开始拆解这团线，终于，令我高兴和惊奇的是，我摸到了一个被红色橡胶所包裹的弹性软木球。在解线团的时候，我一直在纳闷，这一团线怎么可能会在被球棒用力击中时快速地弹开。这隐藏的红球就是答案——一个宇宙的秘密刚刚在我面前揭晓。

很久以后，我了解到好的故事应当同棒球有相似的结构。表面上，我们能够注意到故事的可见元素：情景设定、角色，以及由角色担纲的行动。这些故事元素都是我们从童年起就熟悉的。我们了解了皮毛，还以为自己知道了需要知道的一切，但实际上远不止于此。

就在故事的表面之下，故事的结构藏于其寓意之中。故事的讲述者不会随意引入人物和行为，每一个可见元素的存在都是要说明一个要点、阐释一个关于世界如何运行的真理。正如棒球内部隐藏的线团决定了棒球的尺寸、形状和重量，故事的道德观点确定了故事的结构、形态和相关性。在一个寓言中，这种道德观点很明显，甚至会直接陈述出来；而在一个更复杂的故事里，它要靠观众自己在故事中收集。但是，无论它是隐蔽的还是明显的，没有这内在的结构，观众会直观地认为故事仅仅是一堆随机事件的集合。如果一个故事没有讲出什么道理，观众便会认为故事没讲好而不自觉地排斥它。

接下来才是故事的核心，是故事中心深深隐藏的那一层，这个核心也许对于故事讲述者都是隐藏的。在这里，我们发现了故事的道理所暗含的价值观。当听到一个故事告诉我们，“宁可谨慎有余，不要追悔莫及”，我们会对故事的讲述者有些许了解，知道他追求稳妥和可预见性。当听到一个故事告诫我们，“犹豫不决终成空”，我们知道故事讲述者重视奇遇和冒险。神话的核心价值观提供了它的寓意，除非我们主动寻找它们，否则这些价值观常常会被我们忽视。

我发现这些深入的见解非常有用，我们可以用来探索那些将关于人性的真相作为核心而层层建立起的故事，探寻这些故事是如何取得成功的，而这些关于人性的真相常常也是使用欠缺营销模型的故事所忽视或常常试图否定的。我们将探索和拆解的故事，是那些能够帮助大众在他们的成长之路上前进、激励他们成为健全公民的故事，这便是我所说的“赋权营销”（empowerment marketing）故事模型。

赋权营销模型的实践基于人类成长和成熟领域的两大最具影响力的理论——亚伯拉罕·马斯洛的需求层次理论和约瑟夫·坎贝尔的英雄之旅。马斯洛的需求层次理论给我们提供了一个涵盖面广阔的普世价值观清单，让我们除了贪婪、虚荣、恐惧和自利之外，还有更多可以向大众呼吁的。利用马斯洛的见解，你可以更恰当地为你的信息、品牌和受众定义更高层次的价值观。然后利用从约瑟夫·坎贝尔那里所学的内容，将这些价值观变成故事想讲述的道理，创造一个能唤醒受众英雄主义情结的故事结构。弗洛伊德的理论认为人类本性具有暗黑的局限性，爱德华·伯尼斯这类营销人又将这一看法在营销中发扬光大，而赋权营销模型则为我们提供了一个更正面的替代。因为套用赋权营销模型的故事以传统神话的方式发挥作用，召唤着它的受众成长、成熟，建立在这些模型上的营销活动正在新的口头传统中宣告着它们至高无上的地位。我们现在即将开启拯救这个破碎世界的征程。

讲真话，建立品牌的形象

近一个世纪以来，欠缺营销模型为进行故事战争提供了有力的武器。尽管我们在第 4 章从 Groupon 和凯尼思·柯尔的前车之鉴中认识到了数字口述时代如何暴露了它们的弱点，但这种做法其实并没有消失。事实上，无论是销售美食还是推广社会事业，大部分人依然会不自觉地这样做。

但是，这只是故事的一半，因为一直以来都有一股逆流贯穿于故事战争之中。赋权营销避开了欠缺营销做出的每一个假设，以数千年来神话发挥影响的方式运作，在故事中指出人类不断成长甚至超越自我的可能性。赋权营销的故事通过嘲笑人们由来已久的焦虑情绪，公然向故事黑魔法挑战，从而令受众开心。它们勾画出一个可以通过英勇行为来修复缺憾的世界，以此激励人们行动。最重要的是，这些故事认定人类绝不仅仅是一群寻求地位、性爱、舒适和便利的自私机器，从而产生了深层的吸引力。

媒体大亨阿里安娜·赫芬顿（Arianna Huffington）以 3.15 亿美元向网络服务提供商美国在线（AOL）出售了自己一手建立的热门新闻网站，她很清楚什么是在数字口述时代能行之有效的事情。赫芬顿描述了自己心目中市场营销领域最重要的趋势："企业开始认识到，除了令消费者沉迷于物质主义、肉欲之欢、金钱和利己主义，还可以做更多事情去唤起消费者更美好的本能。"

"这不是巧合，"赫芬顿补充说，"在这种趋势愈演愈烈的同时，社交媒体也已经成为市场营销和行动派分子的主要阵地，这绝不是一个巧合。”

赫芬顿是正确的，社交媒体平台正在放大故事的力量去引出人类的本性之善。但是，把这称为一种趋势是误导性的，因为这些故事一直与我们同在，一直有强大的共鸣。

现在，如果仅仅通过赋权营销模型的使用频率来判断其重要性，你会推断出它是无关紧要的。或许套用赋权营销模型的故事仅仅是每天数千个想抓住大众注意力的营销神话中的一小部分，但是如果你以能否创造出令人难忘的标志性广告来评估赋权营销，那么它一定是赢得故事战争最不言而喻的终极秘密武器。事实上，赋权营销模型的相对稀缺性是其巨大吸引力的一个要素，因为对厌倦了多数营销伎俩的大众来说，赋权营销的故事体验犹如深深吸了一口新鲜空气一般欣喜。

讲真话能够为品牌的故事策略奠定基础，帮助品牌构建具有突破性的沟通方式，乃至帮助品牌建立整体形象。其中，尤为重要的是，要承认人性能够超越最基本的欲望去追求更高潜能。讲真话还为我们提供了参与革新的机会，去修复功能失调、陋习丛生的媒体格局。为营销注入崭新的正面能量当然并不是目的，但是将神话重新定向、远离营销不成熟时期的消费者心态、转向一个被赋予权利的公民的世界观，是实现社会更美好的第一步。

在透过赋权营销的视角去理解一些营销上最著名的成功案例之前，我要提出一个重要的警告：套用赋权营销模型的故事并不是负责任的产品或组织的唯一特征。要想搞清楚有效故事和负责行为之间的联系，我们还要进一步探索约翰·鲍尔斯最后一条戒律“践行真实”。现在，我需要你暂时放下对任何产品、组织、公益事业的评判。我承认有些运动是假仁假义的，但目前，我只是想说明，这些标志性故事所带来的巨大力量和它们所引起的共鸣。

战术 1，讲述引发共鸣的实话

赋权营销的第一个战术可能是最强大的：在面对普遍认可的谎言时，讲述更有共鸣的实话。

WINNING THE STORY WARS 故事思维

想想还是小的好（Think Small）

20 世纪 50 年代末期，在积极使用故事黑魔法这一点上，汽车广告无出其右。美国汽车制造商通过营销活动不断挑逗公众，坚持宣称身份、品位和社会认可度是通过所驾驶的汽车来得以实现并充分展示的。

凯迪拉克公司又是其中之甚。它的广告不只是针对那些可以付得起昂贵的 5 000 美元价格的人，而且针对那些立志要达到这个高度的人。这些广告并不只是在推销汽车，而是在推销一整套关于幸福、身份和美好生活的价值观。这些营销活动造成的微妙影响是迫使美国人工作更长时间、牺牲生活品质来一步步向上爬，从雪佛兰到别克再到奥兹莫比尔①，以致终有一天，谢天谢地，获得终极的凯迪拉克汽车。

下面是凯迪拉克 1959 年的一个具有代表性的广告，标题是《一瞥中的故事》：

① 奥兹莫比尔：美国通用汽车的一个品牌，在 1897 年创立，2004 年被裁撤。——译者注

> 仅仅因为这是凯迪拉克，就足以证明车主极高的个人成就；又因为造型如此美丽庄重，更表明了车主的不凡品位……为什么明天不去找你的汽车经销商订购一辆凯迪拉克呢？这样一来，这辆车所讲述的精彩故事，主角就是你了。

攀爬汽车等级的阶梯并不容易，想要长久保持处于顶端的地位更是难上加难。为了证明自己走在时尚的前端，雪佛兰每年都要推出经过全新设计的、通常也更加宽敞的车型。曾经被视为时髦的旧车型，转眼就显得小里小气、陈旧简陋、让人难堪，与车主渴望给大家讲述的故事截然相反。于是如你所料，所有这些现象都引起了美国社会自下而上的焦虑。

然后在 1959 年，报纸上开始凭空出现许多简洁的整页广告，广告十分简洁朴素地展示了大众甲壳虫汽车的形象和一行标题——“想想还是小的好”。广告除了说这款车低调又节能，没再提及其他，它甚至把甲壳虫汽车称作是一种“廉价品”（flivver），在当代语境中几乎是“垃圾”的代名词。人们发现这些广告非常坦诚有趣，让他们得以公开表达多年来营销人一直在灌输的那种难以名状的焦虑：“我到底能爬到阶梯的顶端吗？”管他呢！

在这些广告取得巨大成功的推动下，大众汽车的广告代理商 DDB 公司，对汽车之城底特律由欠缺营销模型主宰的广告策略展开了猛烈的攻势，其他人原本视为“欠缺”的东西，变成了狂欢的乐趣。

Why those who tell-and live-
the best stories will rule the future

“量入为出”（Live Below Your Means）是另外一则特别具有革命性的广告。这则广告赞美了一个事实：甲壳虫拙朴的造型近 20 年来从未改变（当然他们有意忽略了一个小细节——此款车型最初是希特勒下令设计的）。

这些广告的惊人效果被人们记载下来并反复地提及，50 年后仍然是《广告时代》的榜单上位列第一的 20 世纪最佳市场营销案例，把这种造型与主流格格不入的滞销汽车变成了反主流文化运动的图腾。这些广告帮助整整一代人填补了因对富贵梦的厌烦而产生的神话鸿沟，因为它们为“自由”和“公路驾驶”找到了新的阐释和寓意，也找到了新的驾驶仪式来践行它们的新故事。

《想想还是小的好》广告甚至可以说是开启了自 20 世纪 60 年代的广告创意革命。但是，该广告的成功并非归功于另类的创意或在报纸版面上的大片留白，在大众汽车所讲述的这个新故事中，力量源自它的核心价值：凯迪拉克或许在无止境地追求着地位和财富，而大众汽车却要赞美面对物欲时的自持和面对虚荣时的坦率。

WINNING THE STORY WARS 故事思维

真正的美丽

在“想想还是小的好”广告获得突破性成功的几十年之后，联合利华的多芬品牌再次发现了攻击欠缺营销模型的力量。多芬基于一项研究的观点，在 2004 年策划了一个新的营销活动，该研究表明，只有 12% 的女性对她们的外貌满意，并且仅有 2% 的女性认为自己是美丽的。根据这项研究，在被调查的 15 岁到 64 岁的所有女性中，竟然有 2/3 的人说她们“由于对自己的外貌不满，从而放弃了一些本应终身从事的活动”，这类活动包括公开发表意见、在校学习，甚至去看医生。这要责怪谁呢？绝大部分受访者在某种程度上责怪媒体编造和宣传了一种错误信息，让公众以为对变美的追求应当永无止境。当然大家对美貌的这种追求也绝非偶然，而是缘于在欠缺营销模型驱动下所形成的焦虑情绪，同时企业每年会在广告上花掉数亿美元来继续宣扬这种审美。

多芬“真正的美丽”活动将这份焦虑暴露在人们视线中，并创造了网络广告业早期的轰动效应。一个时长75秒、名为《进化》（*Evolution*）的视频，无声地展示了一个普通的，甚至看起来面容有些憔悴的模特，如何在修图之后成为一个完美的封面女郎。这一点表明，这个模特的美并不是来自她的洗面奶、乳液，也不是化妆包里任何一件商家不断说服女性购买的产品。我们知道，这种美丽是数字时代的魔法。故事黑魔法的秘密在这一分多钟里被揭露了，全世界数以百万计的女人感到欢喜，并在朋友间转发。这个视频被视为是有内容的，而不单单是广告，并在日间节目中被不断播出。连主持人奥普拉，这位凭借长期支持赋权于公众、追求更高尚理想而在传媒界举足轻重的女性，也在一周时间内连续报道了“真正的美丽”活动。通过免费媒体宣传，该视频为其创作者带来的收益可能高达数千万美元。

就像“想想还是小的好”，对于“真正的美丽”营销活动来说，表象是由真正的女性主演美容广告，从她们并不完美的身体中感受到美，这个创举当然值得关注。但是在受众中产生了巨大的吸引力和共鸣的，其实是广告的深层内涵：无瑕的美只是一个谎言，而真正的美恰恰来自真实；更重要的，这种美源自面对“缺憾”时所拥有的自信和底气。

尽管“真正的美丽”这个营销活动主张的道理已经十分清楚，多芬公司为了确保自己不会被人们忽视，还给了广告模特们透过活动发言的机会，因此这些女性可以将多芬故事中的价值观大声说出来。“这个广告可以触动许多年轻女孩，告诉她们和其他人不同并没什么，每个人都是独一无二的美丽。能成为这个广告的一部分，我很荣幸。”模特沙内尔·卢（Shanel Lu）这样说道。更加切中要害的是另一位广告模特锡格里德·萨特（Sigrid Sutter），她引用了诗人济慈的话：“真即是美。”

战术 2，让受众扮演英雄

赋权营销的第二个战术是强调受众的力量，让受众扮演一个英雄的角色，品牌或机构则是英雄行动时的助手。

WINNING THE STORY WARS 故事思维

勇 气

耐克在 2008 年以“勇气”为主题做了一个营销活动，这是一个关于运动员的网上图片库，这些运动员凭借着纯粹的意志和不懈的坚持克服了大量逆境。在这个贴满图片的网页中心有一个 60 秒的视频，否定着欠缺营销模型的每一条原则。观众先看到标题：“你所需要的一切，你已经拥有”，然后，伴随着杀手乐团的歌曲《我所做过的一切》的旋律，其中一句歌词被反复吟唱：“我是一个拥有灵魂的人类，我不是一个受他人控制的士兵。”在广告中，观众可以看到大量超高速蒙太奇镜头的拼接，壮丽的大自然、纯真的孩童、多样的世界文化，以及贯穿始终的，那些战胜痛苦最终实现超越的运动员。广告的最后，我们看到了宣传标语：Just Do It（放手去做）。短短几个字，现在早已成为家喻户晓的宣传语，它令观众不再简单崇拜这些完美，而是以自己所定义的方式去追求类似的自我实现。“Just Do It”里的“it”，是有意地没有被具象，也因此对许多人来说，变得更加个人化。

在过去 20 年里，耐克公司宣扬“Just Do It”的上百条广告堪称广告行业的成功典范，而《勇气》只是其中之一。我选择着重介绍它，是因为它将耐克引人共鸣的品牌神话展现得格外清晰，令人联想到《伊索寓言》里那些短小却深邃的故事。“勇气”的道理就是以明确的言语向观众阐明，“你所需要的一切，你已经拥有”，这是与唤起内心的缺失感完全相反的做法。

重要的是，不仅仅要理解，还要真正感受到赋权营销和欠缺营销之间的区别，因为这也是观众的切身体验。所以尝试这样：看完《勇气》视频，然后再观看 2010 年的斯凯奇（Skechers）品牌的超级碗广告，广告中的主角金·卡戴珊（Kim Kardashian）就是一个典型的欲壑难平的形象。这则广告一团混乱且充满挑逗意味，广告中的明星因为一双鞋放弃了自己的教练兼爱人，好像这双鞋才是她成功的全部原因。也难怪这则广告在观众心目中一败涂地了。注意到了吗？这两种营销策略会不自觉地将你的内心引向完全不同的方向——一个赋予你力量与权力，另一个则背道而驰。

尽管如此，《勇气》所传达的信息可以走得更远。传统的市场营销已经深深地植根于人们心中，预先假定观众都是追求轻松和便利而竭力避免付出——斯凯奇广告里那双可以让人免于训练的鞋就是一个例证。即使是致力全球气候变化问题的营销大师，大概也会在他们最新营销策略的简介中告诫营销人，要避免艰难的选择和权衡，关注个人利益和舍难求易。

这是一个具有破坏性且存在缺陷的假设。人类是注定会相信英雄主义的，正如著名编剧克里斯托弗·沃格勒（Christopher Vogler）在电影里将他关于神话结构的经典文本加以注释："牺牲是英雄愿意为了某一种理想或者某一个群体，去放弃一些有价值的东西，甚至是放弃自己的生命。"后现代的欠缺营销模型坚持认为，除了终极的英雄行动，人们已经对困难失去了兴趣。而"Just Do It"的成功强有力地指出，通过对痛苦和失败的不懈关注，终会获取成功。

有趣的是，想象一下，"Just Do It"在营销前辈看来是多么违反直觉。如果你需要的一切都已经在你身上，那么品牌去填补什么漏洞呢？我可以想象到一个 20 世纪 50 年代的创意总监肯定会嘲笑一个初级广告文案撰写者，他手中的以"勇气"为主题的营销活动文案可能很快就被丢进垃圾桶了。

WINNING THE STORY WARS 故事思维

苹果公司的“1984”

我们在之前的章节已经探讨了“1984”这个营销活动的细节，所以我在这里只陈述一下它与赋权营销之间的亲密联系。首先，就像“Just Do It”一样，“1984”嘲笑了一个认为企业可以满足人们一切需要的想法。在巨型屏幕中，那个毫无感情的空洞声音并不仅仅是 IBM 的替身，大多数观众对于反抗这个庞大的电脑制造商并不关心，因为当时电脑并不是个人的。这个故事产生了共鸣，是因为反派方代表了广告业典型的消费主义方法，一种受众确实深刻抵触的方法。毕竟，《1984》这本书源自奥威尔在所谓的自由世界中看到日益严密控制民众的社会工程。苹果公司并未试图以英雄的形象，来替代 IBM 成为一个更好的“老大哥”。相反，它把自己塑造成反抗者们用来创新的工具。

表面上看，这则广告是一个我们再熟悉不过的反乌托邦故事。而且它的时机把握得很好，恰好出现在神话鸿沟打开的时刻，那便是人们开始发现，20 世纪 50 年代所展望的技术乌托邦似乎只不过是一种错觉罢了。更深刻的是，我们发现了一个与故事黑魔法深深矛盾的道德观：创新的、不墨守成规的人将统治世界。在这个核心里，我们发现了自我实现和追求创新的价值观。

史蒂夫·乔布斯在逝世前告诉他的传记作者：“购买苹果产品的人们真的‘非同凡想’。他们代表这个世界的创造精神，而且他们是要改变世界的。我们为这些人制作工具。”

Why those who tell-and live-
the best stories will rule the future

战术 3，鼓舞受众做成熟的公民

赋权营销的最后一个战术是：被激励的公民是比无助的消费者更好的

品牌传播者。

WINNING THE STORY WARS 故事思维

是的，我们能做到（Yes We Can）

在填满我收件箱的上百封邮件中，我发现了一些催泪的东西，这些邮件纷纷来自好久没联系的朋友、前同事，甚至我的祖父。有一个瞬间，我还以为是同一个垃圾邮件发送者侵入了地球上所有的电子邮件账户。但是，每封邮件都包含一则私人的、发自内心的告白，而且主题大同小异："我必须要跟你分享这个。"

我点击了链接，一瞬间跳转到 YouTube 网站：

> 这是一个被写入建国文献的信条，揭示着一个国家的命运：是的，我们能做到。

嘻哈乐队黑眼豆豆的主创小威廉·詹姆斯·亚当斯（will.i.am），在 MV 中和着旋律唱出了在新罕布什尔州初选中落后的热门总统候选人的演讲词：

> 是的，我们能赢得正义和平等；是的，我们能赢得机会和繁荣；是的，我们能治愈这个国家；是的，我们能修复这个世界；是的，我们能做到，我们能做到。①

在这个视频里，斯嘉丽·约翰逊（Scarlett Johansson）、卡里姆·阿卜杜勒贾巴尔（Kareem Abdul-Jabar）和约翰·传奇（John Legend）等各行业明星先后出镜，为奥巴马这场向公众承诺了希望的演讲伴唱。这则演讲并没有将公众视为消费者，而是鼓励公众共同努力去

① 这里所描述的 *Yes We Can* 是小威廉根据奥巴马演讲所创作的单曲。——译者注

真正担当起一个公民的角色。

> 我们知道，未来的战争还会很漫长，但是永远记住，无论我们遇到什么障碍，任何事情都不能阻碍数百万呼唤变革的声音。

小威廉的这支单曲是数字口述时代的一次完美阐释：它首先是一种混搭的形式，真正讲出这些歌词的总统候选人甚至对歌曲的制作一无所知。演讲本身确实有打动整个国家的力量，可是如果只在这个竞选失利的夜晚出现一次，它大概很快就被淹没在24小时滚动播放的新闻中了。于是这支MV对演讲的力量做了新的诠释和叙述，帮助演讲赢得了数千万的网上浏览量。这段视频做电视宣传片的话太长、太前卫了，当作竞选活动官方影片的话太大胆了；而作为网络短片则刚刚好，因为它太引人入胜了，让大家不由自主地想要转发。小威廉为数字口述时代的第一次政界“神作”署上了大名。

> 愤世嫉俗者们异口同声地断言我们做不到，在未来几个星期里他们的气焰会更嚣张、更猖狂。有声音要求我们识实务地停下脚步，也有声音警告我们不要让这个国家的人民怀有虚幻的期待……我们将一道用三个词谱写美国历史的下一个伟大篇章，从东海岸到西海岸；从大西洋到太平洋，这三个词将响彻全国，深入人心——Yes. We Can.

小威廉正面迎敌，利用互联网带给音乐产业巨大变化，而这个广告延续了他的传奇。当然，小威廉对数字口述时代的准确把握只算是成功的一半功劳，而真正的魔力是由“是的，我们能做到”创造的，故事的开端是奥巴马这位说真话的候选人。我所说的“真话”，不是指关于政治主张方面的表象“真话”，我指的是奥巴马说出了人性的真相。通过赢得故事战争来赢得选举——奥巴马在这条路上渐入佳境。

很久以来，故事黑魔法指导下的政治策略已经让美国人筋疲力尽，奥巴马所说的真话恰在此时出现。“9·11”事件造就了十年来最有力量的记叙，它完美呼应了上任总统所讲述的故事。甚至在灾难发生前，小布什也曾警告说：“今天我们生活在一个充满了恐怖行为、亡命徒和导弹的世界里。”这是一个令人不安的论调，然而过了一段时间之后，人们渐渐变得习以为常地预期着会发生什么。尽管这种论调提供了足够的阐释和寓意来确保国家继续发展，但并不能长久。

随着 2008 年经济危机势不可当地来袭，以及两场战争的肆虐，恐惧无处不在，对此奥巴马回应道：是的，我们能做到。

包含了这短短几个字的营销活动，彻底改变了欠缺营销模型。奥巴马的话颂扬了乐观而非恐惧，颂扬了集体牺牲而非私人贪欲，颂扬了公民的主动参与而非预先设定的便捷解决方案。如果奥巴马把公众当作一群被动的、需要被娇惯和被引导的孩子，那我的社交网络就不会如此充斥着感动的眼泪。他用一条赋权的信息碰触了人们的神经，强调了人们拥有去成长和超越的无限能力。

奥巴马的故事在数字口述时代广为流传。大家相信，是的，我们能做到，并且欣然地将这个信念传递下去。奥巴马竞选活动仅在网上就筹集了 5 亿多美元。而且，历经种种困难和暂时落后，奥巴马最终成了美国的第 44 任总统。

Why those who tell-and live-
the best stories will rule the future

关于奥巴马竞选运动最受推崇和最值得研究的不是他的品牌形象，而是竞选活动在利用新兴网络工具方面的成功。但这两者是不能分开的。当然，这个活动招募了 Facebook 的“天才少年”克里斯·休斯（Chris Hughes）[①]来做在线活动统筹，似乎比其他任何人都更快地掌握了窗口小部件和手机铃

① Facebook 的共同创办人与现任发言人。——译者注

音的魔力。但是工具本身并不会产生共鸣，真正产生共鸣的是真实。

“在网络世界中揭示不真实更为容易。”杰夫·古拉特（Jeff Gulati）观察到，这名教授跟踪了社交媒体在选举活动中的使用，而且他也是奥巴马总统竞选团的一名学者，“在线下世界中无法产生共鸣的东西，自然也不会在网络世界中产生共鸣。”

这些工具加速信息大规模传播的同时，也推动了奥巴马的线上成功。而且他想传递的这则信息很简单，“如果我们只等着别人去做事，或者等待另有合适的时机，那么我们的社会便不会得到改变，”奥巴马在超级星期二[①]对他的支持者说，“……我们便是未来的希望。”

这是一则关于辛勤工作、个人成长和社会参与的强大信息，而且是对欠缺营销模型的正面反击。

观众对奥巴马这则信息的反响如何呢？从小威廉创作的《是的，我们能做到》MV，到多达数千人的自发聚会和支持者网站，足以说明反响之强烈。这些成就是应该归功于竞选活动对当代技术的充分利用，还是奥巴马积极赋予人民力量呢？奥巴马在数字口述时代成功的因素正是更广义的赋权营销模型的一种体现：旨在赋权的品牌往往会寻求和投身于新的渠道，通过这些渠道来表达他们对大众的权利和意见的尊重，大众通常会予以回应。

由于奥巴马在竞选活动中相信支持者的成熟，甚至相信支持者具备卓越才华，所以营销人把大部分活动的控制权转交给支持者。“我的贝拉克·奥巴马”网站（Mybarackobama.com）是一个特别轰动的成功，它允许热情的支持者亲自写博客文章、提交政治建议给所有浏览者，并以他们认为合

① 美国大选年二月或三月，多个州举办总统候选人初选的星期二。——译者注

适的方式筹钱。

事实证明，受到鼓舞的公民，不只是好顾客，更是伟大的合作伙伴。

WINNING THE STORY WARS 故事思维

东西的故事

第 1 章深入介绍了安妮·雷纳德传奇的网络营销活动，但是在了解赋权营销特点的同时，还有一个值得注意的视角，它也涉及对成熟公民而非小孩子讲话时的战略性力量。

当雷纳德带着她的项目来到我们的工作室，我们带了一些不成熟的设想去参加第一次创作会议。我们观看了她长达近一小时的带有些许兴奋、也有些许怀疑的现场演讲。“20 分钟可以吗？”当她告诉我们，她的目标是要把内容缩短到适合放到网络上的长度时，我们回应道：“人们不想去想那么多，他们至多给你 5 分钟。”

随后，我们讨论到观众对这个内容的可能反应，路易斯觉得世界已经准备好倾听这则信息了，但是其他人则认为它不会比那首奥巴马的合唱传播更远。是的，雷纳德了解到，要想被大众所接受，她所要展示的内容必须被简化，这也确实是她的作品大获成功的原因。但是，她当时坚决不同意把演示的内容简化，她认为既然这个真实的社会系统是相互联系和多层次的，那么把它展示出来的动画也应该一样，哪怕这样只能吸引较小的受众群也在所不惜。如果不去展示简单的处理办法，不去介绍解决东西危机“你能做的 10 件事”，也就不会有人提出想当然的简易解决方案。我们假设观众有成年人的注意力，以及成年人对于解决复杂问题的兴趣，那就应该将问题描述为严重的、并非动动手指就可以解决的状况。我们大家持久的共同行动才是唯一的出路。

我们深深地担忧互联网上是否有足够多成熟的公民可以令项目

最终落实。怀着这样的担忧，我们开始了项目的创作。那时是2007年，随后视频1 500万次的浏览量打消了我的顾虑。我并不是在建议，策划一个营销活动时忽略有趣的事情，而热衷于认真诵读那些枯燥无味的事实；但是你也不必缩减你的信息。正如你将看到的，赋权营销提供了大量的工具，以确保你的信息得以呈现的同时，深度和细节依然完好无损。

Why those who tell-and live-
the best stories will rule the future

我们介绍的这几个营销活动，正如故事战争早期的营销人所做的一样，各自创造了新的神话。这些营销活动都找到了一个切入点，那便是关于地位、美貌、政治参与度、财产的一切旧解释已经行不通了。这些活动所讲述的故事提供了新的阐释和寓意，为填补神话鸿沟提供了可能性，而且也提供了新的仪式来完备这些新的故事——与你的电脑来一次别具一格的互动、一个成为活动志愿者的机会、一场对运动更专注的投入。这些尝试比起故事黑魔法来说，能令营销活动走得更远。通过呼吁更高层次的价值观以及相信大众有寻求真相、接受挑战、理解复杂事物的欲望，这些赋权营销故事取得了标志性的地位，造就了一些有史以来最成功的营销活动。

发掘人类需求，明确故事的价值观

旅途走到此刻，我们到达了一个临界点。我们已经解析了欠缺营销故事模型，看到了弗洛伊德的奠基作用。在故事战争中，我们已经认识了我们的敌人。

我们也见识到了一个小小的但是非常成功的抵抗，一种足以和故事黑魔法相抗衡的重要活动。数字口述时代的趋势和我们自己的良知会要求我们创造更多类似的活动，但是应该如何去做呢?

我们组织自己的抵抗，是通过简单地复制为过去赋权营销取得突破的元素？还是凭直觉先行，用我们本能认为可以更好地服务社会的价值观来取代欠缺营销模型的价值观？另外，如果我们想要听从坎贝尔的号召去创造一个帮助人们“成熟”的神话，那么该如何定义成熟，而不是随意判断什么是“长大”、什么不是？如果没有一个连贯的理论，我们很可能会创造出古板的、说教的、幼稚的营销活动，这是典型有社会意识的市场营销的代价。

我自己就曾在这个临界点上有一阵子停滞不前，又迫切渴望构造出我自己的更高级的故事，符合那些我生活中碰到的大多数人所共同秉持的价值观的故事。弗洛伊德所写的理论与我自己的生活经验相悖，他认为，“仇恨处于人与人之间所有情感关系和爱的底部”，而我却需要一个模型来解释，为什么人们对于更高层次的东西会产生更强烈的共鸣，以此来证明耐克、苹果、奥巴马和雷纳德的成功并不仅仅是幸运的偶然事件。

然后，我遇到了亚伯拉罕·马斯洛的著作，他曾经是心理学领域的一个叛逆者，但最终荣升为美国心理学会主席，成了心理学领域的领军人物。20 世纪 40 年代，马斯洛还很年轻，曾像弗洛伊德一样渴望理解人性，以避免另一场世界大战的噩梦。但是随着不断的学习和实践，他开始对严格的弗洛伊德世界观的局限性充满疑虑。

在和加拿大阿尔伯塔省的黑脚部落（blackfoot）[①]生活在一起的时候，马斯洛开始对弗洛伊德的信念产生动摇。在他研究的这个由 800 个成员组成的社会中，他发现在过去的 15 年中只有 5 次已知的互殴。他在部落生活的这段期间，从来没有亲身经历过一次敌对状态，马斯洛还提到，部落

① 黑脚人是北美印地安人中的一族，居住于落矶山脉以东。——译者注

中的这些人对他们看到的白人社会中的侵略行为感到震惊。黑暗、暴力的本性假如真是人类固有的，在这个小部落里却并不存在。在这次生活体验之后，马斯洛受到了启发，在面对种种社会问题之时，他不再假设人类道德上具有先天缺陷，而是猜想人性有与之截然相反的优越之处。“我想证明，”马斯洛写道，“人类有能力承担比战争、偏见和仇恨更宏大的东西。”

马斯洛指出了一个简单但被忽视的事实，推动了对心理学正统观念的攻击，该事实就是弗洛伊德主要通过观察他的患者来发展他的理论，而他所有的患者都患有精神疾病。马斯洛写道：“如果一个人的思想被疯子、精神病患者、罪犯、流氓、弱智的人占据，那他对人类抱有的希望必然越来越少，他对人类的期望也会越来越低……我们会越来越清楚地看到，研究受创的、发育不良的、不成熟的、不健康的样本，只能产生一种有缺陷的心理学和有缺陷的哲学。”

其他人都在研究病态的人，马斯洛开始独辟蹊径地研究健康成熟并能够“自我实现”的人，这些人似乎在生活中获得了满足并充分挖掘了自己的潜力。马斯洛从在世的和离世的成千上万的个体中寻找心理学的模式，这些个体有他的导师和他的学生，包括诗人济慈、文学家爱默生、画家塔贝尔、美国废奴运动领袖弗雷德里克·道格拉斯、美国民权运动领袖哈丽特·塔布曼、乔治·华盛顿、早期环保运动领袖约翰·缪尔。

当马斯洛同一时代的心理学工作者忙于描述各种神经元的特异性症状时，马斯洛识别出了健康成熟的心理所具备的共同特征。马斯洛和同事们为“自我实现”设置了很高的门槛，故而他早期的工作令人感到挫败，因为达到这个终极目标的人很罕见。但是比识别这些特殊个体更有用的是，马斯洛发现，自我实现是一个普世的驱动力。他写道，自我实现是“所有人奋斗的远大目标”。

在马斯洛的世界观里，人类的需求并没有局限于基本的生存——食物、住所、性欲。更进一步的研究表明，一旦这些需求得到满足，甚至还未充分满足时，“更高”的需求就会显现。一个即将饿死的人也许认为他唯一的需求是食物，但一旦肚子填饱了，他便会感受到对于安全和居所的需求，一旦安全的需求得到满足，他会开始为在同龄人中寻求归属感和尊重而行动，等等。在马斯洛的观点中，神经机能的病症并不是像弗洛伊德认为的那样，来自对个体侵略性冲动的压抑，马斯洛认为神经机能病症会因为对于自我实现需求的抑制而萌生。他告诉人们，人的一生就是一段追求成长和成熟的旅程，也许永远不会到达终点，但至少内心的某个部分会难以克制地要为之努力。

马斯洛将他所观察到的普遍需求安排在不同层级中。这个需求层次已经随着时间发展了许多，先后以数十种方式被阐释，但是从本质上看，始终离不开“马斯洛需求层次”。值得注意的是，虽然“层次”似乎意味着某些价值观更好，或者比其他的更重要，但情况并非如此。马斯洛认为，所有这些需求对于人类实现自我都是至关重要的。

在“马斯洛需求层次”金字塔的底部，我们找到了“基本需求”，基本需求始于人们身体的需要，否认这些需求的话，你就死了。在这个“底层”组别的上端是对尊重的需求。马斯洛还将位于下层的 4 个需求视为“匮乏性需求”，因为如果它们得不到满足，个体将会感到焦虑和不足。这就是欠缺营销模型的实践者喜欢栖身的地方。

当人们的匮乏性需求大多得到满足时，就获得一个平台以争取心理的成熟。在这个更高的层次上，我们可以发现马斯洛定义的“成长需求”。

就在这个层次中，个体能够对过分单纯化的偏见提出质疑，并转而对整个社会怀有更大的关注。在这里，自私的消费者变成了成熟的公民。马斯洛也将这些称为“存在需求”，以强调这些需求的目标不是获取某物，而是令个体为实现某些理想而努力。从这个角度来看，它们与强调个体的获得与占有的匮乏性需求很不一样。

就在这个金字塔上，我们可以找到一系列更加多样化且令人兴奋的普遍价值观，营销神话便以此为基础。就在这个金字塔上，了解到人们会努力寻求实现更高层次的需求，我们为迄今为止见证的那些赋权营销成功引发的共鸣找到了解释。

马斯洛将成长需求浓缩为一些单一词汇的集合。在让这些需求帮助我们理解和建立赋权营销活动的同时，我们来详细阐释一下那些会对我们很有用的内容。除了性欲、地位和便捷之外，人们还被如下的需求驱动着。

- 整体感：作为一个充分独立的个体，在一个更大的团体中，超越自身利益和别人关联在一起的需求
- 完美：通过努力工作或奋斗掌握技能的需求
- 正义：恪守高度的道德价值观念、看到一个有道德秩序的世界、推翻暴政的需求
- 丰富：体验生活的复杂性和多样性、寻求新的经验并克服偏见的需求
- 简单：了解事物本质的需求
- 美丽：体验和创造美学乐趣的需求
- 真相：体验和表达现实不被扭曲，以及消除谎言的需求

- 独特性：表达个人天赋、创造力和不墨守成规的需求
- 快乐：对于愉快体验的需求

当我了解了马斯洛的需求层次理论，我就知道我发现了一个可以升级欠缺营销模型的强大理论基础。如果我们将这些需求视为价值观，就像马斯洛一样，我们将找到一种全新的方式来为基于赋权营销模型的故事策略选择核心。

欠缺营销的品牌故事 VS. 赋权营销的品牌故事

把这些普世价值观记在心里，让我们揭开一些营销神话的面纱，撕掉它们表层的伪装，拆解它们的结构，审视它们的内在价值观。表 5–1 是我对于这些发现的个人看法。请记住，这个分析是逆向推导的结果，试图从营销活动的结果来总结其中深刻嵌入的价值观。你也许会将马斯洛需求层次理论中的不同价值观分配到每个活动中，但是要注意：我们接下来将要讨论的，是在这些活动中出现的一个无比清晰的共同模型。

表 5–1　营销活动的核心价值观

营销活动	故事寓意	核心需求和所歌颂的价值观
李施德林	口臭使你不受欢迎	安全感、爱、自尊
凯迪拉克	你的车告诉世界你是谁，追求最好的	被他人尊重
雏菊（林登·约翰逊）	为林登·约翰逊投票，否则你和你的孩子会不安全	安全感
汉堡王吓坏坏，Groupon，凯尼思·柯尔	没有任何东西比产品重要	除了消费，否认一切价值观

续前表

营销活动	故事寓意	核心需求和所歌颂的价值观
哭泣的印第安人	使用垃圾箱可以让你修复不舒服的过往	整体感、正义
真正的美丽（多芬）	真实的就是美丽的，真相就是大家都是美丽的	真相、美丽
勇气（耐克）		整体感、完美
1984（苹果公司）	创新的、不墨守成规的人会统治世界	独特性
奥巴马2008年竞选活动	一起努力，我们可以解决我们的问题	整体感、完美
东西的故事	你可以理解一个复杂的、破碎的系统，而且一旦你理解了，你可以帮忙修正它	丰富、简单、整体感

现在我们已经将这些营销活动拆分开了，也许可以根据它们在马斯洛需求层次理论中的核心价值观予以排序。我们发现了什么？赋权营销的故事往往会聚集在金字塔的顶端，而欠缺营销的故事则位置较低，集中在匮乏性需求中。当我们记住这两种策略如何工作时，这个现象就说得通了。

如我们所知，欠缺营销模型由制造焦虑开始，它们通过刺激欲望来制造焦虑，如果受众的欲望未得到满足，就会感觉受到了威胁，感觉到不安，就好像内心有一个洞需要填满。正如马斯洛所描述的，当低级别的匮乏性需求受到威胁时，就会产生这种焦虑。也就是在这里，受众获得了现成的、通过消费来实现的解决方案，营销人确实提供了产品来满足生理需求（例如李施德林的确可以暂时性地治疗口臭），这种情况有时甚至还可以神奇地传递安全、爱和尊重的感觉。当神话的视角被应用于欠缺营销故事中，信息背后的品牌或者组织便成了英雄，无论是某种产品还是某项需要支持的社会事务，它们都能提供所需的灵丹妙药，而大众则成了焦虑不安、需要拯救的少女。

马斯洛肯定会强烈反对这种模型以及这种将公民当消费者的想法：人们的行为得到修正、言行十分得体，难道仅仅是因为合理的消费选择化解了他们的攻击性？事实上，马斯洛认为，正是因为社会不断激发较低层次的不安全感，才使很多人陷入了对基本需求的关注中，代价便是放弃了对更高层次需求的努力追寻。“任何增加恐惧或焦虑的事情都会倾覆退步和前进之间的动态平衡，令我们不断退步而停止前进。”马斯洛这样写道。

弗洛伊德并不是完全错了。恐惧和焦虑是很强烈的情绪，这就解释了为什么故事黑魔法如此成功。然而，即使是那些处于匮乏状态的人们，也依然怀有自我实现的愿望，并等待去实现它。

另外，赋权营销活动依赖于个体永远不会实现但必须追求实现的成长需求或者存在需求。为了利用这一现实，营销人必须帮助大众将他们自己看成是故事中即将出现的英雄。这些故事告诉你，你已经拥有了所需要的一切，营销人可以在你的旅途中帮助你激发出潜能。当然，我们都承认，鼓吹“鞋子可以助你成为英雄”这一概念的耐克公司是为了商业利益。但是赋权营销的核心策略并不在于魔法般地实现了目标，而是在于价值观和灵感。与满足一个匮乏性需求不同，赋权营销模型的实践者围绕着与成长有关的价值观构建故事，这些对于成长的追求就人类经历而言是很普遍的，但很少在狂热消费的媒体格局中呈现出来。意识到几乎每个人都在努力追求实现这些更高理想，使用赋权营销模型的营销人通过刺激大众更新或强化他们的追求来展现这些价值观：识破谎言，认识到自己的力量，超越失败，直面复杂的状况。

当大众因意识到生活远不只要满足基本需求而感到振奋时，这个模型就成功了，凯尼思·柯尔恰好是一个反面例子。相信营销人正在讲述深层次的真相并且在分享他们最深刻的价值观，这会令信息的接收者感到振奋。信息接收者会想要和朋友分享这份鼓舞，那么随着继续传播，这则信息会获得更多力量，收到信息的朋友并不会将这些信息看作是一种打扰，反而会因为有人提醒自己要有更高追求而心存感激。同时，在这条传播链条上的每个人都对信息中蕴含的仪式持开放心态。反主流文化的嬉皮士成为大众汽车的狂热分子，运动员热衷于耐克，选民们疯狂地爱上了奥巴马，教育工作者无视被解雇的威胁而在教室里播放《东西的故事》——所有这些团体就像传播福音似的拓宽着这些品牌的受众圈。

然而，在进行下一步之前，我们也要意识到已经踏入了危险的区域，因为营销人总是很容易陷入误区。赋权营销本身并不是一种完全积极的活动，而且去理解那些同时包含欠缺营销元素和赋权营销元素的营销活动就更难了。

想一想爱德华·伯尼斯的“自由火炬”活动。表面看来，我们也许会谴责将吸烟仪式置于妇女选举这一神圣目标中。你也许还记得那场活动的欠缺营销模型的基础——伯尼斯想要提醒女性，她们缺少的某些东西是男性拥有的。但是，我们也不能否认这个营销活动利用了诸如正义和整体感这些成长需求的价值观。显然，有一些活动走的是精致路线，借助了高尚的辞藻和巧妙修饰过的意图。在这些案例里，更高层次的价值追求对于受众来说更像是陷阱，而非礼物。赋权营销的原则会在故事战争中被滥用吗？当然。它们已经在上述的品牌营销中被滥用了吗？答案仍然是肯定的。但是，我们接下来将看到，在史无前例地更加透明的数字口述时代，那些用所谓的“真实”来粉饰谎言的营销人必然前景不容乐观。我们将会在第8章深入研究这个问题。

在马斯洛的需求层次金字塔中，我们找到了一种方式来为赋权营销故事模型奠定基础——从普世价值观中选择那些强调真实的而非虚伪的价值观、强调受众的英雄主义特质以及公民意识而非消费者需求的价值观。在第 6 章，我们会探索如何围绕这一核心，通过坎贝尔永恒英雄之旅的角度来构造故事结构。

在进入下一步之前，让我们先来做一些踏实的训练，这些训练会真正应用到你想要营销的事业或者产品上。下面的故事模型 2.0 训练指南提供了具体步骤，可以帮你选择与你的受众和你自己的更深层次的真相匹配的核心成长价值观。

本书有三个训练指南，前两个训练指南会帮助你定义故事的底层结构，第三个训练指南会帮助你实际撰写故事。如果你花些时间参与这些训练，将会学到如何升级自己的故事拉动力，从而重新定位品牌战略或者创建一个新战略。你将开始展示作为一个故事讲述者的能力，加入赋权营销人的行列，重构媒体环境。你会发现这个过程是令人满足和非常值得的，它们是我用于指导我自己的客户赢得故事战争的最有力工具。

如何为 3 类品牌确定价值观

伟大的故事讲述了世界运行方式的真相，而且它们代表着一些东西。我们对赋权营销环境的调查，显示了每个品牌是如何抓住机会来推广更高层次的价值观，并邀请受众去追求这些价值观的。你首先要确定这些价值观，并对它们做出承诺。这不仅仅是自我认定为“具有社会责任感的企业”或非营利性企业的必要条件。而是在数字时代，这是不容置疑的成功之路，并且对任何愿意承担重要价值观念的品牌开放。

已经具有价值观的品牌

对于一些品牌，选择较高层次的价值观很容易，因为这些价值观在品牌创立之初就已直接植入其中了。

例如巴塔哥尼亚公司（Patagonia）①，一个户外冒险领域的传奇品牌，一个在可持续发展方面有远见的领导者。这一品牌创立初始就确立了包括“真实”在内的种种价值观，因为该公司由一名充满激情的登山者创立，当时他非常担心登山运动对原始岩壁造成的破坏。20 世纪 70 年代初，品牌创始人、年轻的伊冯·乔伊纳德（Yvon Chouinard）意识到，喜爱在自然中游玩和真正地关爱自然是有区别的，他主动地面对这一困境，发明了一种铝制攀岩楔，插入或取出时不会对岩面造成损坏。该发明的成功，是不断增长的户外冒险事业的重要先期步骤，而产品的成功推广也有赖于基于其价值观而打造的一句宣言：“打

① 想了解更多有关巴塔哥尼亚公司的企业和理念，推荐阅读湛庐文化策划、浙江人民出版社出版的中文简体字版的《冲浪板上的公司》。——编者注

造最好的产品，同时不产生不必要的环境损害。”

巴塔哥尼亚公司强调“不必要”这个词，因为该品牌承认一个无法回避的事实：户外装备的制造总是会造成一些负面影响，就像攀岩一样没有什么办法可以避免，公司也希望客户能够面对这个真相。30 年后，该公司建立了著名的“足迹编年史”网站。在该网站上，巴塔哥尼亚公司将自己产品的“好与坏”，赤裸裸地标记在供应链的各个环节上，这可不是令人感觉良好的环保主义。例如，它的“旅人”（Wayfarer）冲浪短裤，广告文案是：“面料没有可循环的成分。我们虽然与供应商努力合作并成功开发了可回收的尼龙织物，但缺乏商业的可行性（一条短裤将需要 75 美元成本）。”品牌的核心客户珍视自然，这种珍视并非停留在概念上，而是真正将自然视为度过一生的地方来珍视，因此这个群体非常欣赏高度透明的巴塔哥尼亚在营销活动中所表现出的真实。

巴塔哥尼亚公司主管环保事务的副总裁、K2 峰会美国第一任代表的成员之一瑞克·里奇韦（Rick Ridgeway）告诉我，他从未将品牌的传播视为营销活动，而是当作“与客户分享我们的核心价值观”。对于像巴塔哥尼亚这样的品牌，它们的价值观在创始时即被确定，因此只需要给这些价值观起个好名字，然后通过伟大的故事将它们不断地传播出去即可。

体现价值观的品牌

其他一些品牌选择它们的价值观也并不费力，因为它们直接展现了自身所信仰的价值观念。例如，国际特赦组织（Amnesty International）为积极的行动派人士提供了一种使用笔和键盘来保护人权的方法，以此建立起标志性的品牌。这种开创性的方法不是有意鼓动捐款的营销手段，而是组织真正的运作方式。通过使大众将注意力聚焦在践踏人权事例上，公开关注那些秘密滋长的侵犯人权的行为，国际特赦组织拯救了许多生命，消弭了无数恐惧。但是，该组织不只是为它所保护的人提供昂贵的物质支援，它同时也使其成员有机会追求实现更高层次的正义价值观，从而得以实现维护整个世界的道德秩序。数以百万计的活动家亲笔写下书信为囚犯辩护[①]，这些信件对那些有需要的人来说是礼物，同时对参与者们来说也是一份礼物，帮他们打开一扇通往更高尚意图的大门。

对于那些已经具备了一定价值观、可以直接升华到更高追求的品牌，强大的讲故事策略始于简单地识别和命名这些价值观，然后战略性地保证做到将其价值观始终如一地置于每一次传播的核心。

亟须确定价值观的品牌

还有一些品牌想要讲述产生共鸣的故事，但是既不是建立在明显的价值观上，也不具备能够直接体现价值观的展示活动。本杰瑞（Ben & Jerry’s）就是这样一个例子，该公司在从无到有的价值观引导下，成了一个冰淇凌帝国。

创始人本·科恩（Ben Cohen）并没有着手寻找更加人性化、可持续或健康的方式来制作冰激凌。他和他的朋友杰瑞·格林菲尔德（Jerry Creenfield）只想赚些钱，而且他们喜欢甜点。不过，科恩本人对和平充满热情，他希望军费开支可以重新转投到社会项目上。这种想法开始的时候仅仅是一个个人喜好，但是随着生意步入正轨，他感觉到自己正在创立一个可以转变更多人意识的庞大平台。最终，他得以在数百万冰激凌盒盖和包装上表达自己的价值观。

彼时，美国的高端冰激凌品牌都在想办法使自己听起来有异国情调，汵

① “为人权而写”：是国际特赦组织的人权活动，为基本人权受侵犯的人写信，信件还可以是请愿书、电子邮件、推文、照片、明信片等。——译者注

意兜售自己起的欧式名字，像哈根达斯（HäagenDazs）、冰巴黎（Glace de Paris）和冷冻喜悦（FrusenGlädjé）。科恩和格林菲尔德打破了这种混乱的局面，果断地在自己的包装上放上了非异国面孔，并且谈论着自己最关心的东西。

科恩知道很多冰激凌顾客并不一定赞同减少五角大楼的开支，但他不在乎。“很多公司都一直在做有争议的营销，就是为了从激烈的竞争中脱颖而出，”他向我解释道，“所以，如果你可以通过反对核武器而不是使用一些性感的年轻女孩来实现，何乐而不为？”

本杰瑞建立了一个有突破性的品牌，科恩坚持认为如果不是基于创始人热情的价值观，品牌不会这么成功，而且这份热情同冰激凌毫无关系。但是受众认为这个价值观是再真实不过的，因为它是如此的私人化。事实上，科恩也曾尝试将公司的价值观超越个人喜好，确立为“委员会的价值观”，终因效果不佳而及时收手。随着公司不断发展壮大，科恩曾调查整个公司，想看看员工所珍视的是什么，结果他收到的回答包罗万象，整个公司唯一能广泛达成一致的只有“孩子和家庭”这一点。这些结果对于科恩来说并不具有可操作性，于是不久之后，公司便恢复运行创始人的价值观。

“如果你可以根据共同的价值观与你的客户建立关系，那么这是你可以形成的最强大的纽带，”科恩解释说，“但是，发现共同的价值观意味着你必须‘有’一些价值观，它们不能是矫揉造作的平淡无奇的废话。你需要代表一些东西，从而相信同样事情的客户会关注你的品牌。”

将五角大楼 1% 的开支转向和平举措，把这种呼吁印制在包装纸上。本杰瑞从热带雨林的土著生产者那里采购坚果来推出新口味的冰激凌，说明保持雨林完整性的同时亦可获得经济效益，这是他们保护生态系统的举措。他们从未停止谈论关心的事情，更重要的是，他们给了客户希望，让他们觉得每次购买冰激凌时自己都在表达更高境界的价值观，而其中一些价值观在当时根本无法在其他场合公开表达，例如在 20 世纪 60 年代对和平的追求。对于数百万冰激凌顾客来说，该品牌代表着更高的追求，相比较而言，其他冰淇凌品牌仅仅代表了索然无味的享乐。

像本杰瑞这样的品牌，不是为了响应更崇高的召唤而建立，也没有现成的渠道来展现固有价值观，面对赋权营销的挑战，它们亟须选定价值观，这个价值观既要领导层投身去追求，也需要用来指导整个团队的行动。

为品牌确定价值观

在审视过已经具有价值观的品牌、能够体现价值观的品牌和亟须确定价值观的品牌这三种类型的品牌之后，你很可能已经依稀看到你自己的故事了。了解哪一种类型适合你固然很关键，但是无论身处哪一种类型，你都应该能够确定你的核心价值观，用以建立你的故事策略。请谨记：这些价值观是你要和你的受众分享的，是你要用来鼓舞他们的，你的目标不只是简单地向受众展示你自己所关心的东西，你需要的是鼓励他们去探寻更高层次的潜力。以下便是操作方法。

步骤 1，尝试价值观

查看“你想要践行的价值观”中显示的更高级别的价值观，你也许想要拮取所有的内容来匹配你抱负远大的品牌。换句话说，这些价值观不一定描述了你现今的状况，却是你想要达到的境界，而且你也相信最终可以实现。请将这些价值标准归入以下某一类别中：

- ◆可以融入品牌创始故事中的价值观
- ◆能够通过产品或服务来体现的价值观
- ◆领导层所持有的价值观
- ◆最会令受众产生深刻共鸣的价值观

作为你的故事策略的组成部分，以及你未来的品牌定位，你在此处所做的选择将对你的未来产生深远的影响，正如我们将在第 8 章中看到的那样，你将被要求实际地践行这些价值观，但不要因为惧怕这一风险而裹足不前。这是一个循序渐进的过程，你的品牌像所有其他品牌一样，也要建立在实验的过程中。去尝试你认为合适的价值观，看看它们如何影响你的策略。如果最终结果与你的目标不同，你只需要进行必要的调整，然后重新开始这个过程。

下面是从马斯洛需求层次理论中提取的 9 个可以定义品牌的价值观。请注意，排列不分先后、不分主次。

- ◆**整体感**：作为一个充分独立的个体，在一个更大的团体中，超越自身利益和别人关联在一起的需求
- ◆**完美**：通过努力工作或奋斗掌握技能的需求
- ◆**正义**：恪守高度的道德价值观念、看到一个有道德秩序的世界、推翻暴政的需求
- ◆**丰富**：体验生活的复杂性和多样性、寻求新的经验并克服偏见的需求
- ◆**简单**：了解事物本质的需求
- ◆**美丽**：体验和创造美学乐趣的需求
- ◆**真相**：体验和表达现实不被扭曲，以及消除谎言的需求
- ◆**独特性**：表达个人天赋、创造力和不墨守成规的需求
- ◆**快乐**：对于愉快体验的需求

步骤 2，确定价值观

将范围缩小到三个价值观，如果可能的话，最好只留一个或者两个。像所有的品牌决策一样，从长远来看，通常输入量越少越好，但是你不会想以牺牲自己的可靠性为代价而缩小范围。能够与创始故事、供给产品、领导层和受众这 4 个类别相协调的价值观是最理想的选择，但并不总是能找到。正如巴塔哥尼亚公司的里奇韦所说：“如果你在做地雷的生意，那可能有点难度，但是，如果你做甜点，就有很多选择来反映你的价值观。当然，如果你做的是反映你自己价值观的产品，那就更容易了。”

里奇韦指出了一个重要的事实：几乎任何一个品牌都可以转变为以反应成长需求的价值观为导向。很明显，这对于那些帮助志愿者向没法走出家门的邻居提供食物的非营利组织来说很容易。他们用所提供的东西为世界营造了更多的“整体感”，因为他们要求人们走出自己的小圈子，与他人一起加入群体中。他们接触到那些在生活中寻求更多整体感的人，带领这些人一起获得整体感。这并不难。

但是李施德林呢？一个诞生和成功都归功于反应匮乏需求价值观的品牌，该做些什么？这个品牌也能围绕“整体感”价值观构建营销策略吗？这么考虑一下：李施德林是建立在一个女人的故事上，这个人便是悲伤的埃德娜，一个因为自身的缺陷而无法接近任何人的人。今天，该品牌可以将这个策略进行 180 度大翻转，直指其对立的积极价值，即“悲伤的埃德娜”的镜像，这就是现在的李施德林可以关注的人与人之间的亲密感问题，这种亲密感关系到人们能否聚在一起做更伟大的事情。这来自产品的灵感也许可以帮助品牌将“整体感”作为核心价值观，由此它的营销活动也可以讲述有助于提升“整体感”的故事，它甚至可以与上面提及的老年人关爱中心合作，并为其提供支持。悲伤的埃德娜变成了公民埃德娜，一个新的、数字口述时代的品牌也许就诞生了。如果李施德林有机会做到这一点，那你也可以。

在本书最后的附录中，你会看到一个空白的故事模型 2.0 图示。现在你可以在图上填写品牌价值观部分，你只需要写下你选定的那些。凭借选定的价值观，你就可以从故事模型的中心向外扩展了。在另外两个训练指南中，我们将探讨品牌故事的寓意和关键角色的构建。

WINNING THE STORY WARS

Why those who tell-and live-
the best stories will rule the future

06

步骤二，设计故事的核心元素

伟大的故事创造了神奇的魔法世界，在那里，沉闷死板的旧规则不再适用。响应故事模型 2.0 中英雄之旅的召唤，我们就越有可能发自内心地说：“啊哈，这就是我的故事！”

ANTI-FAT
WANTED
MEXICUNIAN
Shape-ers
CAPPI
I'D
THAT!
You lovin' us?

公元前13世纪的某一天，爱人眼角的细纹令他突然想起了故乡。他真的离开40年了吗？这时间长到足以看到他年轻的新娘成为一个母亲，甚至很快会成为祖母。40年来，他一直在这片荒凉的土地上放牧他的羊群，走过这无休止轮转的季节。80年前出生的那一片土地，他知道自己再也回不去、看不到了。他悄悄地从床上起身，走到外面说了把脸。

"牧羊人摩西。"他想着，曾经做过孤儿、埃及王子、谋杀通缉犯的他，有着如此多重身世的他，是没办法以"牧羊人"结束的。也许是一个完满的结局，却无法实现：要是他不会时不时毫无征兆地回想起尼罗河、想起那个消失的王国、想起那些被残酷奴役的人民，该有多好。他诅咒这些记忆，这些记忆毁掉了一个育有二子的富裕牧羊人本应享受到的内心安宁，这安宁本应该是平静生活的奖赏。

在将羊群驱赶入荒野的时候，摩西试图说服自己，关于埃及的这些想法是无用的，只是一个老人的无力的愤怒。40年前，因为冲动没能管好自己，导致他丢掉了埃及皇室身份，甚至几乎丢了性命。那时的摩西还是一个高贵的王子，在奴隶的住所间巡视时目睹了一个以色列奴隶被埃及监工毒打。因着不知从何而来的正义怒火的驱使，他杀掉了那个恃强凌弱者。这是一个无私而疯狂的行为，可是他有因此而被人感激吗？并没有，他救的人立即向视他为己出的法老出卖了他。这对摩西来说是一个深刻的教训。犹太奴隶就像羊群一样，被教导着去顺从和拥护这有秩序的束缚，而非挑战未知的自由。于是摩西成了一个逃犯，一个逃离故土再也没有返回的王子。

“还是去改变那些可以改变的东西吧，那些无力改变的就由它去吧。”老人思考着，这句话已经变成了他修行的咒语。

何烈山横亘在他的面前，要想去未经涉足的原始牧场，需要攀爬面前陡峭而崎岖的岩壁。摩西审视了一下蜿蜒在山脚下那条更容易的路，也许是想要测试下自己这把老骨头是否还有足够的生命力，他决定徒手爬上去。

由此，摩西的英雄之旅开始了。作为世界三大宗教之一的创始故事，摩西的旅程深深地影响了其后英雄们的生命历程，从耶稣到马丁·路德·金再到塔里尔广场上众多的穆斯林学生。约瑟夫·坎贝尔率先概括出了这场英雄之旅的通用故事模型，但他只是以哥伦布发现美洲大陆的方式发现了它。像美洲大陆一样，故事模型也早已有之。几千年来，它存在于世界各地萨满祭司和故事讲述者的直觉与传统中。“祭司或者先知所带来的只是每个人一直在等待获得的东西，”坎贝尔如此解释这些故事的力量，“当一个人听到先知的故事，他会说，‘啊哈！这就是我的故事’，这是我早就想说却没能表达出来的故事。”

能令人们审视和表达自己真实内在的故事，是后广播时代的世界可以打造出的传播福音的最有力工具了。即使我们的情况与摩西的处境并没有外在的相似之处，但他的故事也可以令我们产生共鸣。谁的生命中没有那么一刻，本该享受平和与闲适，却被内心深处某些无法言明的东西搅得心绪不宁？谁不渴望能够重新回到自己早已触不可及的故乡？

在许多历经千年而完整流传下来的故事和传说中，都可以找到“英雄之旅”模式，从《奥德赛》《博伽梵歌》《绿野仙踪》，到票房极高的电影《阿凡达》，无一例外。乔治·卢卡斯也将这个公式作为一个循序渐进的指南来创作《星球大战》，而这个系列故事迄今已经赚了200多亿美元。

当然，即使你不像卢卡斯有6部电影用来展现完整的史诗，你依然可以充分利用坎贝尔的发现，在传播和营销活动中引起共鸣。根据我的经验，你越是尽可能地利用这些发现，你的受众就越有可能会说：“啊哈！这是我的故事！”

在这一章，我们会探索如何用英雄之旅的模型来帮助你确定故事中的人物和人物的处境，包括英雄、英雄的导师和敌人。这次旅程还会引领你探索品牌或者组织将建立怎样的故事意义。

本章的内容安排是，通过对摩西英雄之旅的精简回顾，来熟悉坎贝尔的故事模型。坎贝尔将旅程视为一个复杂的多层次冒险，但为了简单起见，我整合并重新命名了一些阶段，而且省略了一些内容。在这个旅程中的每一步，我们会停下来用营销术语阐释英雄之旅的智慧。现在我们先大体了解一下概念，以便流畅地理解整个历程。我们会在本章的训练指南中着手将这些课程应用于赋权营销故事模型中。

约瑟夫·坎贝尔

英雄之旅

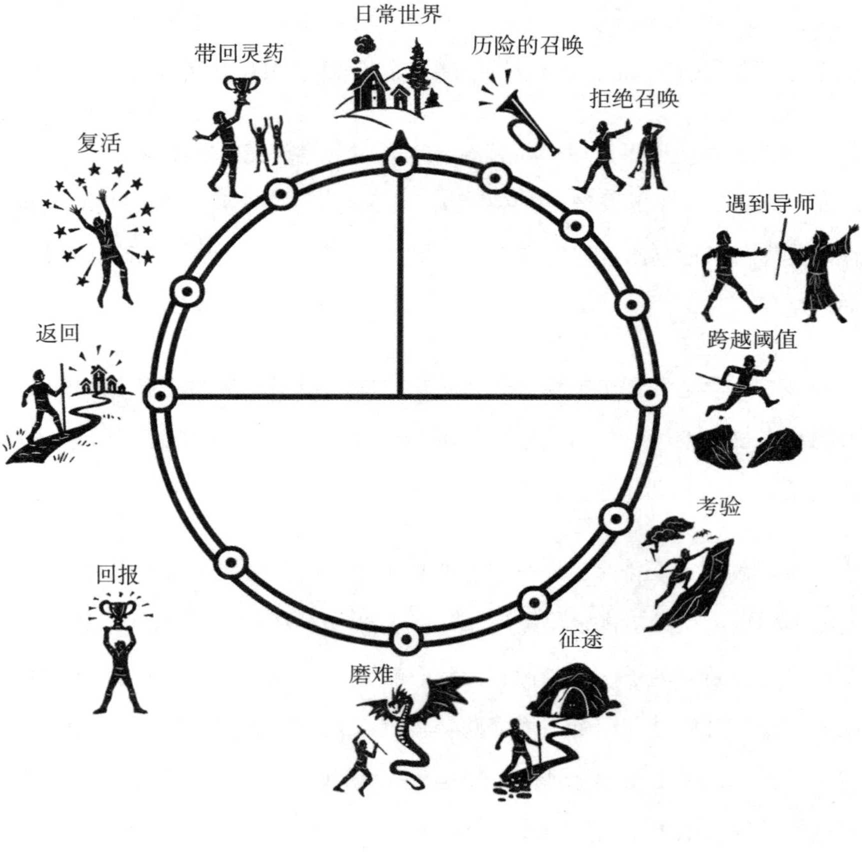

描述品牌英雄，日常世界和历险的召唤

在这一阶段，英雄感受到了内心的扰动不安，但是还没有想到等待他的将是异常丰盈的人生。

将受众视为英雄

即将成为英雄的人生活在一个失衡的世界，这便是英雄之旅的开端。当我们遇到他的时候，那一刻的主角似乎是最不可能成为英雄的人——桃乐茜是一个小女孩，摩西是一位老人，弗洛多则是一个可爱的霍比特人。这些英雄通常不是由任何外在的英雄特质来定义的，而恰恰是由他们的平凡。

在你的营销策略中，你会逐渐将这个人物视为你故事中的英雄，这是你在设计故事时的假想谈话对象。正如我们将看到的，一个清晰的品牌英雄形象是至关重要的，因为我们所讲述的故事，必须允许这个英雄在故事中看到自己，这一点通常可以通过扮演一个容易辨识的角色来实现。

要时刻记得英雄是一个平淡无奇的普通人，这样你就迈出了讲述成功故事的第一步。受众不太可能对一些过于直白的信息做出回应，诸如“你可以拯救世界”这类。在线活动兴起的早期，我观察到有许多十分露骨的英雄信息在四处传播，比如一个很典型的例子：“只要点击一下就可以拯救濒临灭绝的北极熊！”有一段时间，人们很相信这种宣传，我承认我也曾相信。然而，几百万点击过后，北极熊的境况比十年前还要糟糕了。“点击主义”这种通过鼠标点击来改变世界的想法，在今天会令受众感到无可救药的天真。你的品牌英雄就像摩西一样，也许曾努力尝试改变世界，但因现实而失望。你必须逐步展示如何成为英雄，而不是简单地告诉你故事中的主角，他已经是英雄了，因为识别一个人的英雄潜力正是这场旅程的意义所在。

我想要澄清一点，当我提及“英雄”的时候，我不是指穿着斗篷的骑士或者是冲入一座燃烧中的大楼的消防人员。英雄，只不过是追求高层次价值观的人，比如追求创造、表达自我、真理，或者其他任何在马斯洛需求层次金字塔中更高层级的价值观，而且英雄愿意为这些理想或者为服务他人做出牺牲。换句话说，英雄已经摆脱了无助消费者的身份，正在成为积极的公民，赋权营销人的工作就是鼓励这种转变。

承认英雄的能动性

当英雄最初登场的时候，他也许正在为世界的失衡而深感不安，但他也许会试着去无视这个问题。“威胁始终在某个地方存在着，”他想，“如果我避而不见，也许它就会一直停留在那里。”在摩西的故事中，他的得过且过是接受流亡生活，像牧羊人一样安静地生活。

这种设定在神话中非常有效，因为它给了英雄能动性，使英雄有机会自己决定是否开始冒险。这在营销中同样有效，因为这种设定会与受众的个人经验相融合。毕竟，我们都没有生活在动作电影里那种时刻都需要被迫采取行动的生死关头，消费者可以无视商品所代表的形象而直接选择购买最便宜的那一款，选民也可以做出符合自己利益的投票。

此外，营销人还可以选择坚持屡试不爽的方法：承认英雄的自由意志。这是与欠缺营销形成鲜明对比的策略。通过灌输不容忽视、必须被克服的缺失感，欠缺营销模型的实践者轻松地将自己的品牌定义为已经准备好来施予拯救的英雄。然而，只要我们意识到品牌不是英雄，受众才是英雄，就可以创造出更引人入胜的故事。真正的英雄更多的是被内心的召唤引入历险之中，而不是在迫在眉睫的形势中被推入其中。

英雄已经准备好迎接更多

是的，在生活中得过且过是一种选择，但是藏在内心深处的英雄已经察觉到更伟大的可能性。正如马斯洛所发现的那样，我们可以无视实现更高层次需求的驱动力，但这种驱动力的力量永远不会消失。

作为一个已经成家的牧羊人，过着安宁的生活，摩西可能已经实现了他对于安全、舒适，也许还有爱的需求。但是他的故乡正在遭受种种不公正的命运，这一想法不断地侵入他的大脑，打扰着他惬意的生活。这些想法便是坎贝尔所说的“历险的召唤”——召唤主人公离开舒适和熟悉的环境，去追求促成成长和成熟的价值观。在故事中，这个召唤可能以梦境的形式出现，可能以环境受到重创的形式出现（例如年少的英雄突然成为孤儿），也可能是一个幻觉、一个来报信的角色（例如《爱丽丝梦游仙境》里的白兔），或者也可能是英雄的良知。在现代生活中，大多数人都因马斯洛成长需求的拉动体会到了这份召唤——渴望从行尸走肉般的工作中冲破藩篱，更加充分地表达自我，或者去维护自己所相信的东西。

发现品牌导师，遇到导师和拒绝召唤

在这一阶段，英雄会遇到一个令他难以拒绝的陌生人，陌生人会改变英雄的生活轨迹，不过在此之前，他们之间已经有了相互的信任。

摩西和他的羊群几乎到达山顶，这时有些东西吸引了他的目光：在路边，熊熊燃烧着一丛火焰。在杂木丛生的干燥沙漠里火并不少见，但是这场火很奇怪地被局限在单单一小片灌木丛中，而且附近没有其他的东西在燃烧。实际上，好像连灌木丛本身也没有受到火焰的影响。

摩西小心翼翼地靠近这团诡异的火，就在这时，一个声音从内部传了出来。

“摩西。”灌木丛说。

听到自己名字的那一刻，摩西觉得他的过去全部涌现了出来。他立刻清楚地意识到，无论命运如何，他终归没能逃离那早已注定的命运。

“我在这里。”老牧羊人回答着。

“我是上帝，是你祖先的神。”这丛不可思议的灌木说道。然后他告诉了摩西自己的计划，计划大致如此：老法老去世了，一位新法老上任了，现在是行动的时候了，你将重返埃及，对抗新的法老，为以色列人带去自由。

摩西认为这是一个坏主意。

“你是谁？”摩西怀疑地问道。“我一说话就结巴。”这是真的。“我在埃及什么都不是。”这也是真的。“即使是奴隶，也会觉得我是个疯子。”他们确实会的。“当我说是上帝派我来的时候，他们会说，‘哦，是吗？你的上帝叫什么名字？’那时我该怎么说呢？”

“我就是我。”一个诗意的但又十分恼火的回答从灌木丛中传出。

这只是一段漫长对话的开端。按照犹太教的传说，摩西和上帝花了七天的时间讨论这个计划，摩西提出各种棘手的问题，上帝一再跟他确认，并给予他力量。整个计划都很疯狂，摩西指出这件事很不合逻辑，灌木丛也表示认同。但是，上帝说，等他们到达埃及以后，他还有更多的锦囊妙计，这实在是不大有说服力。

但摩西内心深处依然想要被说服，毕竟上帝给他的召唤与他一直以来内心深处的召唤相同，这是一个调和他的行为与他的最高价值观的机会。

在谈话结束之前，上帝注意到摩西所持的牧羊人的手杖。

“你手中为何物？”上帝煞有介事地问道，毕竟是他亲自创造了宇宙及其万物。

“一根手杖。”摩西略带惊讶地回答道。

上帝让摩西将手杖置于地面，摩西刚放下时，棍子就变成了一条扭曲的蛇。这个把戏将摩西吓得六神无主，在上帝的强烈鼓励下，牧羊人才敢碰触它，一碰又变成了手杖。

“你把它带在身边。”上帝说。与此同时，摩西小心翼翼地将手杖从地上捡起。

就这样，摩西回家了。他接上妻子和孩子，冒险走出他的安全世界，进入一个深不可测、充满挑战的世界中，同时希望能获得前所未有的回报。

让品牌成为导师

在旅程的这个阶段，我们碰到了故事的下一个关键人物——导师，这是品牌将要扮演的角色。导师的角色是为了让英雄从他徘徊和茫然的不安状态中迈出一步，踏上响应命运召唤的旅程。没有导师，历险的召唤可能只不过是听起来激动人心的事情，却并没有实现的可能。“导师”一词来自希腊词语“menos”，意思正是意图、目的和力量，这并非偶然。

“故事中的导师主要是活跃在英雄的思想里，改变他的意识或者意愿。导师也会令英雄的内心更加强大、能够自信地面对痛苦的折磨。导师也意味着勇气。”克里斯托弗·沃格勒（Christopher Vogler）写道，他是著名的电影编剧大师，也是《作家之旅：源自神话的写作要义》一书的作者。

在摩西的故事中，导师的角色是上帝；在你的品牌讲述的故事中，你的品牌将扮演导师角色。将你的品牌看成是一个与造物主地位相当的角色，这似乎很奇怪，但是对于营销人来说，在这个古老的故事中将上帝视为摩西的导师，还有至关重要的一点是不容忽视的。

你是否注意到，即使是上帝也不能命令摩西去开始旅程？全能的上帝花了七天的时间提供了足够的力量和鼓励，才让摩西愿意承担这个任务。发号施令是行不通的，但培养勇气终会成功。现在我们来看看坎贝尔的著作中关于“拒绝召唤”的看法：改变人们的思维模式和行为习惯从来都不是容易的，导师的角色是令这种改变不可抗拒而非强制。例如上帝是通过点醒摩西内心深处的愿望来实现这一改变，因为摩西知道这个世界还有一些错误的事情需要被更正。这便是在英雄之旅中不可缺少的导师的角色。

导师会以各种形态登场，灰姑娘的仙女教母、桃乐茜的好女巫、《黑客帝国》中的莫菲斯和亚瑟王身边的梅林，他们都是经典的导师形象。你必须要为你的品牌从花样繁多的人物中选出导师形象，学着将你的品牌导师缩减为一个单一而明确的人物，这是旅程中至关重要的一步。

通过充分完善你的品牌作为导师的形象，你会开始明白，在你的每一个故事后面，讲述者应该有的声音。当品牌作为导师与英雄对话时，是通过热情的话语来激励英雄冒险，还是挑起英雄对未来的乐观憧憬？是故作神秘，还是通过古怪的另类幽默？将你的品牌导师作为一个活生生的、呼吸着的人去理解，会帮助你回答所有这些问题，帮助你将品牌放置在你的故事策略中应属的位置，并帮助你保持营销的连贯性。

将品牌视作一个有血有肉的人

在摩西针对上帝这个不太可靠的计划而提出的所有担忧和反对意见中，最强有力和广为人知的一个是："我需要知道你的名字。"而上帝回答说："我就是我。"

这个交流突出了英雄和导师之间的动态关系，它同样存在于品牌和品牌的英雄之间。英雄渴望与作为真正"个人"的导师建立一段关系，而非与一个不具名的智慧和权威。有效故事的关键在于，导师的理念必须出自一个有血有肉的人物口中。这个原则解释了一场由令人强大到难以置信的故事战争模因所引起的近乎失控的追捧，这个模因就是"WWJD"（What Would Jesus Do，耶稣会怎么做）。

1996 年，早在所有人都还在争相佩戴环法自行车赛冠军兰斯·阿姆斯特朗（Lance Armstrong）的"LiveStrong"（坚强生活）黄色手环[①]的时候，密歇根的牧师丹·西伯恩（Dan Seaborn）订购了一些印有"WWJD"字母的手环。他的理念是：在采取行动或者做出生活选择之前，问问你自己，"如果让耶稣来做，他会怎么做？"不是"《圣经》告诉你要做什么"，而是"那

① 由环法自行车赛冠军阿姆斯特朗发起，联合 Nike 发行的手环，为癌症基金筹资。——译者注

个用言语催生出《圣经》的人会做什么”。这四个字母足够短、容易记，而且足够神秘，可以引起人们的好奇。西伯恩引领所有戴着手环的人，将这一理念传递给询问“WWJD”是何意思的其他人，就这样又吸引来新的追随者。

最终，这种手环成功售出了超过1 500万个，也有人估计销量接近5 000万个。这个概念为何力量如此强大？是因为它为耶稣一生的“故事性”赋予了活力，不是仅仅强调他的规则和法令，而是强调他作为一个人的品质。年轻人会发现与“导师”耶稣这种直接的关联，比起传统的按章节引用经文更加吸引人。WWJD的成功大大增强了传播福音的青年人的力量，并将新一代的信徒汇集到教会中，利用一个讲故事的元素令基督教酷起来。

WWJD的成功为构建讲故事策略提供了重要一课：如果品牌要和受众建立有人情味的关系，就必须学会将品牌视作一个人物，而不单单是组织、企业法人或一组雇员。我们必须要真正熟悉我们的品牌导师，将其视为真实人物来熟悉，这样我们就可以问自己：“如果让品牌来做，这时候会怎么做？”而且我们可以自信而坚定地回答这个问题。如果你想不出任何其他方法来保持品牌形象的始终如一，请记住WWJD。

你只有完全了解了你的故事中的人物之后，才有希望将他们栩栩如生地带给受众，因此我们在构建故事策略时的下一步就是详尽地了解品牌导师。卡尔·荣格所提出的有关“原型”的理论，可以帮助我们实现这份自我认知。

荣格认为，人诞生于世的时候，并非白纸一张，而是有预设的观念来影响全部的经验和行为，这就是他所说的“原型”。因为这些原型是无意识的，不能被完全地描述，荣格称其为“原始意象”。根据这个世界上人类的共同经验，人会将有意识的原型的意象附加到这些难以表述的概念上。例如，我们出生的时候，完全不知道穿着盔甲的骑士或埃及的民主抗议者，但当我们在图片上或者经历中碰到这类形象时，就很容易将他们投射到一个固有的英雄主义的原型概念里。一个角色或形象越贴合一个无意识的原型，它就会越有力地和人的情感建立联系。

神话往往充满了基于原型的人物。我 5 岁开始痴迷《星球大战》，并收集电影里那些主角的手办。《星球大战》里有很多强有力的原型：达斯·维达（反派）、奥比万·肯诺比（导师）、尤达（圣贤）、汉·索洛（反叛者）。甚至是我 3 岁的女儿，从未看过《星球大战》，也未听我提起过，却会称呼自己为莉亚公主，称呼她的好友为卢克，通过文化的潜移默化，她了解了这些角色。

原型是人类心灵无法抗拒的存在，虽然它们看似是在描述外在的、独立的角色，实际上却描绘了我们自己心理结构的各个部分。我们最常遇到原型的地方之一是我们的梦境，在梦里，会遇到可怕的坏蛋、光鲜的骗子和陌生的异形者。如果你曾经尝试着解梦，你会知道这些角色中的每一个在某种程度上都是做梦者本人的一部分。我们每个人具象了所有的原型，因此任何一个被清晰定义的原型都创造了识别和自我认知的机会。

如果原型能引起人们的注意，并且产生情感的联系，那毫无疑问，原型对于营销人来说是不可或缺的。在玛格丽特·马克（Margaret Mark）和卡罗尔·皮尔逊（Carol Pearson）所著的《英雄与歹徒》（*The Hero and the Outlaw*）一书中，作者对那些在受众心中拥有明确原型的品牌做了详尽的调查，她们提供了令人吃惊的证据，表明这种方法会直接使得企业的利润显著提升。

在赋权营销的世界中，原型尤其重要，因为它们是体现品牌无形价值观的完美方式。例如，如果你的品牌最高的价值观是快乐，你可能会被一个像魔术师一样的原型吸引，魔术师可以愉悦地打破自然界限，令不可能的事突然成为可能。如果你的最高价值观是独特性，那么你可能会与“反叛者”形成更好的同盟。

在本章的训练指南中，我提供了 7 个我认为对于树立赋权营销品牌非常有益的原型。这些原型可以帮助你更深入地了解自己的品牌导师，并且在你开始设计突破性故事的时候，让你充满自信地回答：“我的品牌会做什么？”

确定品牌礼物，靠近龙穴和夺取宝藏

在这一阶段，我们的旅程进入魔法世界的中心，碰上了难以战胜的可怕对手，并得到导师的魔法礼物相助。

他怎么可能已经准备好应对大都市的声色犬马？ 40 年来，除了羊、微风和几个性情温和的人之外，他什么也没见过。就像一个囿于黑暗的囚犯，当他踏出黑暗的时候，光芒令他失明，摩西也发现他的故乡满是令人害怕的喧嚣声，熙熙攘攘。不过在追逐了 40 年迷途的羔羊之后，这一切也令他有些兴奋。商人在简易搭建的摊位前叫喊着，一名街头魔术师以他从未听过的语言向他点头致意，妓女在楼上的窗户旁低声耳语着，奴隶拖着沉重的脚步经过他身边时抬起头凝视他。没人认出他就是从前的王子。

摩西的哥哥亚伦得到上帝的授意去城外见摩西，他引领着这个老人穿过迷宫般的街道来到开阔的广场上，仿佛这件事再自然不过。在这里，摩西看到了他曾经生活过的宫殿，这是自从他杀人流亡那个可怕的日子以来的第一次。

“去和法老谈谈。”听起来没那么简单，但至少“可行”，他和上帝也曾在那座荒凉的山顶谈论到这个计划。但是站在国王的宫门之外，摩西看到了他意料中的数千、甚至数万名士兵守卫着 400 扇门。

兄弟俩走近外门，十分艰难地接受了这个愚蠢任务最可能的结果——死亡。不然他们还能做什么呢？这时，奇妙的事情发生了。他们越靠近士兵，便越清晰地感受到这些人看不到他们。即便是站在门口的两只巨大的狮子，也只是在兄弟俩靠近时嗅着几米远的地面，绕着害怕的两兄弟打转。

“嗯，这比计划中要好一些。”摩西在他们进入宫殿时低声说。这是他漫长一生中最后一次说出这样的话。

法老房间的一切设计都是为了让请愿者觉得他们是在神的面前——那种比任何你认识的人都有着更多黄金、力量和武器的神，那种动一动手指就能将你的心脏扯出来的神。

守卫看不到这两位老人进来，法老和他的侍臣们则可以。而且他们看到这两个不速之客时毫不惊讶，而是面露嘲笑之色。

摩西谦卑地低着头，和坐在离他几米远的国王讲话，他跳过寒暄，直入正题：“耶和华，以色列的神说，容我的百姓去，好在旷野侍奉我。”殿内一片沉默。上帝为摩西筹划的计策并不聪明：假设你在沙漠中要求休 3 天假，那么没人注意的时候，就休息一下呗。

法老的反应如你所料，他毫不含糊地拒绝了。他从未听说过摩西口中的这个神。然后，雪上加霜的是，他命令从那一天起，以色列的奴隶必须亲自为烧制砖块收集所需的稻草，这使他们的工作量增加了一倍。这都要归功于摩西的到访。

由此，处于劣势的摩西和全能的法老展开了比拼智慧和魔力的殊死一战。正如上帝所承诺的一样，魔法权杖用得尤其顺手。摩西将权杖交给亚伦，亚伦将尼罗河变成血河，然而法老的魔法师同样可以做到。于是，摩西挥舞着权杖，开始召唤瘟疫——青蛙、蠓虫、苍蝇、鼠疫（杀死了埃及的全部牲畜）、脓肿、冰雹、蝗虫和黑暗。每次瘟疫都比以前更严重，但没有一次可怕到足以软化法老的铁石心肠。

然后摩西威胁法老，要给他致命一击——如果法老不释放以色列人的话，就屠杀所有头生的孩子和动物。法老依然拒绝，于是上帝如约降下了这最后一场灾祸。

国王看到摩西的神所造成的屠杀时，大喊着："走吧！走吧！"这个懦弱自私的法老，他自己就是长子，完全预料到他自己的生命随时都有可能不复存在。

心中怀着来之不易的自由，手中紧握着立了大功的魔法权杖，摩西逃离了埃及，他的人民紧随其后。

品牌要创造新的可能性

一旦英雄跨过日常世界的门槛，他就进入了一片既可怕又令人兴奋的土地：可怕是因为这片土地是完全陌生的，有许多未知的危险；令人激动是因为旧的路障和习惯已不复存在。如摩西所发现的，突然之间，一切皆有可能。坎贝尔把这个英雄之旅的魔法世界与梦境的世界联系起来，因为在梦境中，即使是最基本的规则也不适用，而且我们可以在梦里遇到强大的象征、丰富的内涵来告知或指引我们。在魔法世界的门口，兴奋通常多于恐惧。想想《星球大战》里小酒馆[①]的场景，卢克在那里遇到了那些沉醉于花天酒地中的奇异生物。

伟大的故事也创造了神奇的魔法世界，在那里，沉闷死板的旧规则不再适用。总统候选人奥巴马的故事发生在一个乐观的世界里，在这个世界里，种族紧张局势消失了。在大众汽车的魔法世界里，广告商不再说谎。在安妮·雷纳德的魔法世界里，枯燥、复杂的问题瞬间变得可控和有趣。正如呈现在彩色胶片中的奥兹国与桃乐茜黑白色调的家乡堪萨斯州形成对比，品牌的魔法世界应该比品牌的英雄所熟悉的世界更加鲜活和有趣。

直面品牌的恐惧和脆弱

一个有邪恶意图的坏人会很有趣，这是一定的。但是，当他代表英雄自己的黑暗面时，坏人就会变得对英雄来说很可怕。这便是法老成为如此完美反派的原因之一。

法老在这个故事中有三个主要特征，它们都代表了摩西自己最深的恐惧，如果他的行动没能成功，那这些恐惧便会成真。第一，法老完全不了解别人的痛苦。他加重奴隶的负担，只是为了嘲笑摩西的请求，而对于奴隶们可能劳累致死毫不在意；如果摩西选择留在米甸，那意味着他虽然知道自己的同胞仍在苦难中，却选择视而不见。第二，法老不相信神灵。他

① 莫斯艾斯利小酒馆是《星球大战》宇宙中的著名场所，许多情节都发生在这里。——译者注

嘲笑摩西的要求，因为他不相信摩西口中上帝的存在；如果摩西当初拒绝听从上帝来进行这场冒险，那便等于宣告不相信上帝的力量。第三，法老是个懦夫。他蹂躏他的子民的生命，但是当他自己的生命受到威胁时，他才有所收敛；如果摩西无视上帝的召唤，他也会变成这样的一个懦夫。法老是摩西黑暗的镜像，这个事实是令摩西非常恐惧的。

当我们追求更高层次的价值观的时候，我们最强大的敌人似乎是与我们相对抗的人，但真正的对立则是来自于我们自己内心的恐惧和脆弱。学会面对自己的脆弱，是让我们准备好应对外界敌意的唯一方法。在赋权营销的实践中，这个看法不只适用于品牌英雄，同样适用于品牌导师。本章训练指南中每一个被讨论的导师原型都会同时包含这个角色黑暗面的描述。在呈现一个角色时，时刻小心免于走入这一误区，也是塑造成功故事的关键一点。

找到令品牌独一无二的东西

就像《星球大战》里的小酒馆一样，初入魔法世界有许多新奇乐趣。但是英雄在穿越这一世界时所走的每一步都更接近龙穴，这野兽所栖居的可怕腹地是英雄想要完成使命而不得不穿越的地方。

但是，英雄并不是毫无准备的。在英雄之旅中也时刻保持着一个平衡，他每向危险迈进一步，拥有的力量也更强大一点。在他遇到恶龙、法老或者邪恶女巫的时候，早已经不再是曾经那个不可能成为英雄的平凡人了。而且，他还有导师送的礼物——能助自己一臂之力的法宝。原来导师的基本功能之一，就是送给英雄一个有魔法的物品或者工具，使英雄可以在最需要的时刻用来背水一战。导师不是故事的英雄，所以不会和英雄一同进入龙穴，但是他可以通过这个礼物的魔力，以灵魂的形式听到召唤。导师的话语使得这场历险看起来激动人心，而导师的礼物才最终令这场不可能成功的冒险变得可行。

在那些经久不衰的故事中，礼物可以是权杖、红宝石拖鞋、一把光剑，或者亚瑟王的神剑。而在营销的世界里，这个“礼物”是一种难以忘记的概念或画面，让人们确信：“有了它，就可以击退困难，因为它是如此与众不同。”在前几章所举的例子中，赋权营销都从不同角度创造了这样一个近似“礼物”的存在。品牌提供的这个礼物，使得与逆境抗争和打破旧的模式成为可能。安妮·雷纳德的礼物是魔术白板，可以使所有概念立即变得清晰；奥巴马的礼物是一系列令人惊奇的在线工具，这些与时俱进的工具令他从竞选一开始就成为一匹机会巨大的“黑马”；苹果公司的礼物是美，这种美的力量足以推翻商业机器的暴政；WWJD 的手环本身就是一个魔法礼物。

精心挑选的品牌礼物不能只简单地从字面上反映品牌本身的信息。苹果公司并没有选择用高举着的拳头来表达反叛，安妮·雷纳德并没有选择按照一个基本的流程图来建立自己的品牌；即便是摩西简陋的木制手杖看上去也是一根神奇的法宝。品牌礼物就好像是一个附加装备，使得故事的剩余部分立刻充满了创造力，变得活灵活现起来。

赋权营销的品牌礼物让人们通过使用产品神奇地解决问题，这听起来可能会让人联想到欠缺营销这一故事黑魔法。当然，两者有相似之处，但也有一个关键的不同：欠缺营销会激起焦虑，然后再提供予以平复的产品，而赋权营销告诉英雄，决定权在他自己的手上。这件礼物只能使曾经不可能的冒险成为可能，但是英雄仍然需要亲自担当主角，需要身体力行。在竞选中，奥巴马善用互联网，并不意味着选民不需要再为了胜选而努力，它让你“更卖力”地工作。雷纳德的白板没有直接解决世界的问题，它邀请你去理解并参与其中。苹果公司并没有直接让你“不同凡想”，它创造了一个美丽的工具来帮助你换个方式思考。

找到品牌寓意，返回、复活和带回灵药

在这一阶段，英雄为世界带来了无价之宝，自己也在旅程中学到一课，获得升华。

一个奴隶婴儿，成为王子，成为逃犯，成为牧羊人，然后成为先知，现在又一次成为牧羊人。但是，这一次他的“羊群”成员多达十万有余，而且比最暴躁的羔羊还要难驾驭得多。

从埃及出发的归程顺利开始。摩西和他的百姓不是以奴隶或者逃犯的身份离开，他们的头高高抬起，手里握着曾经属于压迫者的宝藏和武器。不过，他们是匆匆跑入荒野的，而非缓缓走入，在法老这么多次出尔反尔之后，摩西不准备再给他改变心意的机会。

当然，法老确实又反悔了。在意识到失去了劳动力之后，固执的国王暴跳如雷。他的恐惧突然间消失了，他派出 600 架战车要将奴隶带回来。

回到摩西的营地这边，一个希伯来人注意到一团尘土从西方逼近。其他人惊慌失措地尖叫着，有的人埋怨摩西不该选择背离海的方向安营扎寨。

“转身，战斗！”摩西冲着他的百姓大喊。他们的人数远多于埃及的军队，但是他们选择了背叛，他们哀号着，试图逃跑。

摩西大怒，他们辛苦走到今天，只是为了拱手交还这得来不易的自由吗？他很生气，但是没有一丝绝望。其他人也许会坐等死亡降临，但是牧羊人再也不是曾经的那个退休人士了。曾经的他缺乏行动力、爱找借口、一再掐灭响应使命的念头。然而，现在他拥有一个不容拒绝的信念，于是他再一次求助于上帝。知道摩西已拥有强大力量的上帝回应道："举起你的手杖，伸出你的手，指向大海，分开它。"

摩西没有颤抖，没有质疑，他简单照办，海水就被分开了。

现在他获得了信徒的注意力。身后是死亡，前方是他们的首领，人们开始充满敬畏地列队行进，由摩西引领他们走向自由。随着最后一名以色列人渡过大海，海水又一次汇合，淹没了法老和他的战车。摩西最终完成了他的使命。

明确品牌的福祉

从怪兽的腹地获取了财富后，英雄必须离开这个魔法世界，用宝藏去修复他自己的破碎世界。坎贝尔把宝藏称为"社会的福祉"，这个说法揭示了英雄之旅的一个重要特征。英雄在魔法世界中获取的宝藏不是要据为己有，而是要同他的族群分享。归根结底，这整场探寻是英雄无私的行为，他做出牺牲以使所处的世界更美好。

你的品牌福祉就是鼓励你的英雄为社会带回来的礼物，了解到这一点，将帮助你把故事讲得更引人入胜、扣人心弦，也会让你的故事迅速得到传播。例如，多芬所做的"真正的美丽"营销活动，其品牌福祉令女性打开了她们的社交网络，热情地分享信息。在城市的广告牌上摒弃曾经那些厌食的、整形的、修图软件精修过的模特形象，使用有着平凡身材的真实女性的形象来替代，甚至让她们只穿着睡衣。这不仅仅是给观众的礼物，让他们立刻对自己不完美的身材感觉好一点，同时也是一个声明，用不加隐晦的信息，治愈了社会中早已破坏殆尽的对美的想象。因此，信息的分享变成了一场英雄主义的行动，让观众参与其中，分享品牌为社会带来的福祉。

耐克也发现，只实现个人的成就并不是一个令人满意的故事结局，所以它为品牌创建了一个重要的宣传网站，叫作“耐克更好的世界”（nikebetterworld.com），旨在为社会提供更丰富的品牌福祉。这个网站的内容是关于运动如何成为世界上最有力的工具之一的，展示了运动是如何结束暴力、如何与无家可归和偏见做斗争的。耐克的故事寓意已经延伸到英雄之旅的领域，并同运动方面的成就捆绑在一起，让任何人都可以参与其中，去追求更大的利益。

阐明品牌的寓意

英雄手中有宝藏，若不然，至少心中有。他几乎已经重返了日常世界，但是故事还没有结束。突然，灾难卷土重来。曾经以为已被击败的敌人，折返回来一决胜负。这一次，胜算看起来不大。实际上，在这最后关头，英雄看似早已是必死无疑了。

但是，英雄梳理了他一路上从所有的磨难以及朋友、敌人那里学到的一切，然后果断地做出决定，终于再一次并且永久地打败了他的敌人。英雄已经完全成熟，能够体现他所追求的最高境界的价值观念，起死回生的奇迹随之发生。

旅程的最后阶段是至关重要的，因为在经历这个阶段之前，我们也许并不是真的清楚故事讲述者想告诉我们什么，我们也还不知道这个故事想宣传的道理是什么。《出埃及记》的寓意是，自由是通过绝对信任上帝而赢得的。摩西忠实地遵循上帝的建议，在背海的地方安营扎寨，这是一个明显的战术错误，但他深信自己的信仰。当他与追随者受到攻击的时候，他是唯一一个充满信心的以色列人，他没有惊慌，而是听从上帝的话，用魔法手杖来分开海水。是摩西的信仰令他与追随者转危为安。

整个故事在这时则说得通了。摩西早期对于能否成为一个英雄的迟疑，最终为越来越深的信念让路，直到最后仅凭借着信仰，这个牧羊人引领着他四散的子民回归平安。想想如果在最后一刻摩西决定不听上帝的诫命，这个故事的寓意会有怎样的不同。如果他一早就意识到他真正需要做的是相信自己呢？如果他给埃及人做的即兴、煽情的演讲打动了法老呢？现在这个故事便有了一个完全不同的寓意："你所需要的一切你已经拥有，所以相信你自己。"或者摩西听从上帝的安排，但什么都没有发生，所以他放低姿态，向他的子民寻求帮助。看到摩西愿意放弃自己的权力，百姓开始行动，与埃及人厮杀，这时故事的寓意便是："没有人是一座孤岛，即便是上帝所庇护的人。"在最后的这一场考验之中，英雄究竟如何获胜，这便是故事要告诉我们的全部。

我们也许会发现上述这些假设都算是令人满意的结局，这是因为它们每一个都蕴含着某个道理，能体现一些普遍持有的、会引起共鸣的生活智慧。而如果故事的寓意不清晰，故事就会支离破碎。设想一下：摩西使用手杖，大海分开，以色列人逃离，埃及人紧随其后；然后，海水突然重新合住，所有人都淹死了，除了奇迹般地存活下来的摩西。如此的话，我们就只好费尽心思去弄明白，故事讲述者究竟想要告诉我们什么。

不幸的是，这种混乱的故事寓意毁掉了非常多的品牌策略。品牌不仅没能坚持住它们的原型，而且也没能搞清楚自己试图表达的东西来明确故事的寓意。品牌每一次沟通只是一次胡乱的尝试，只能让消费者对它们兜售的东西一笑置之或简单留意。故事战争只会由清晰定义了故事寓意的品牌取胜，每一个故事的高潮应该是它的骄傲的宣言或明确的释义。使用欠缺营销模型的品牌其实已经这么做了几十年，它们的故事寓意是，构成个体的只有最基本的欲望。这个寓意倒是很清晰，但现在我们有数百万故事可供选择，它还会吸引我们吗？这些套用欠缺营销模型的故事含有众所周知的生活智慧吗？或者说，赋权营销为更多能够激起共鸣的故事寓意提供了可能，那些寓意与我们的内在信仰和实现自我超越的渴望相一致，那便是：你知道我的立场，但是你要为自己做决定。

至此，我们已经来到了和摩西同行的旅程的终点，这段旅程也简要描述了“英雄之旅”的基本模式。正如坎贝尔所发现的，这个公式便是神话缔造者数千年来传播深刻真理的方式。将英雄之旅的模式与马斯洛对于自我超越驱动力的解读相结合，我们就可以制定一个故事策略，听从鲍尔斯的戒律，以受众会响应和分享的方式，来讲述关于人类本性和潜力的真相。

故事模型 2.0 训练指南
WINNING THE STORY WARS

如何利用 5 个元素搭建故事策略

你可以利用这个指南为你的产品、事业、竞选者或者计划找到一个具有规范性和连贯性的故事策略。在开始之前，一起来看一下这些故事策略的组成元素：

- **品牌英雄：** 目标受众的化身。将你的目标受众看作你的故事中的英雄和隐含的新星，可以引导你给受众带来启发、赋予受众权力，远离欠缺营销所传达的信息。
- **品牌导师：** 品牌的化身。定义并且深入了解此角色将有助于帮你的品牌建立一个始终如一、独一无二的形象。要意识到，你不是英雄，而是推动英雄行动的力量，而且你能够赋予受众行动的力量。
- **品牌礼物：** 富有创造力的万能装备，可以使你的品牌与众不同，而且令你的品牌英雄相信，借助与品牌的关系，他能够追求更高层次的价值观。
- **故事寓意：** 寓意是每一个你所讲述的故事中潜在的核心信息，有时隐晦，有时外化。寓意会以任何情节、人物和形式呈现，但是它应该始终存在，并为你的交流提供意义和连贯性。
- **品牌福祉：** 品牌英雄最终会为世界所做的贡献。赋权营销号召它的英雄不仅仅是实现自我，而且要治愈、革新、改善整个世界。

品牌英雄

步骤 1，将英雄带入生活

为你的品牌英雄做一个人物画像，这个人要能够作为一个典型成员来代表你的目标受众。花些时间尽可能具体地勾画出这个人，无论是真实的还是想象的。他的名字是什么？他会如何描述他的外在形象和内心的自我感受呢？以第一人称写这个描述。

如果你已经有了人口统计信息或者研究了受众的人物形象，这些信息会成为你故事策略的宝贵养料。传统的研究确实可以而且也应该为这一过程提供参考，但正如你将要看到的那样，我们将进一步走向富于想象力的讲故事领域，这并不是传统研究可以带我们进入的领域。

你可能会觉得需要多个品牌英雄。根据你需要为不同受众创建多样的信息，你可能在思考故事策略时引入不止一个英雄。但要记住，你只能拥有一个品牌，而这个品牌需要专注于它的故事。随着每多引入一个品牌英雄，你的故事创作压力会成倍增加，最终你对品牌英雄的看法可能只会变得一团糟。只选择一个品牌英雄看似是件可怕的事，但这是建立连贯战略的最直接途径。记住，我们在这里讨论的是人类共性，所以一个明确定义的英雄并不一定排斥其他人。如果在练习结束时，你仍然决定添加另一个品牌英雄，那请确认你这样做是因为没有其他办法可以解决问题。

WINNING THE STORY WARS

现实世界中的品牌英雄

多芬“真正的美丽”：一个对自己的身体形象极度不满意的女性。她意识到这种感觉是被外界刺激而来的，但是几乎从没思考过是如何以及被谁刺激的。

苹果公司：一个认为自己富有创新灵感的年轻人，反对他所认为的整齐划一、强调服从的文化。

茶党：一对对美国正在发生的事情感到愤怒的中年夫妇。他们看到自己的国家走错了方向，但却很难把这个问题的根源或解决办法指出来。

步骤 2，替英雄写一封信

代你的品牌英雄给他亲密的朋友或家人写一封信，在信里揭露那个英雄正得过且过的破碎世界。写这封信的时候，你可能会问自己：哪些旧的故事或阐释对英雄来说不再有意义了呢？他会怎么描述内心的历险召唤呢？他为什么还没有听从召唤呢？

用一种故事语言写这封信，摆脱平常所用的商务用语，让这封信好像是一次个人冒险的开始。针对这个练习，一个好的热身方法是阅读一篇用故事语言建立自己破碎世界的经典，有不少很快可以读完且比较容易读的故事：《老雷斯的故事》、《哈利·波特和魔法石》的开篇章节、《奥德赛》的前几章，以及《星球大战》开始时那段滚动的字幕。

步骤 3，深入了解英雄

在附录中的图示上写出你的品牌英雄的名字和简短的描述，以提醒你这个人物是谁。你还需要保留那封破碎世界的信在手边，以便在需要时更深入地了解你的品牌英雄。

品牌导师

如果你的受众是你的英雄，那你的品牌本身就是导师，那个引领英雄去历险的角色。这部分内容就是了解你的品牌是哪类导师的化身。

步骤 1，了解品牌导师的原型

就像你创作一个品牌英雄画像一样，你现在要为你的品牌导师做一张画像。下面的人物画像会帮助你发掘品牌的原型。我用了“发掘”这个词，而不是“选择”，因为这是一个需要深入观察的过程，在过程中你要知道品牌是一个怎样的形象以及渴望成为的形象。这关乎为你的故事核心人物设置一个怎样的名字和一张怎样的面孔。在考量下面原型的时候，不要只考虑你如何看待你自己，而是去思考当你尽己所能时，受众会如何看待你和记住你。

注意每个原型是如何体现某些价值观的。如果你看到了一个原型体现了你已经选择的一些价值观，这个原型就可以成为你的真正核心人物。相反，你也许会立即被某个原型的性格所吸引，从而重新考虑你的品牌价值观来与之匹配，当然前提是这些价值观不是早已融合在你的品牌或组织形象中的。

考虑一下上述两种情况，看看哪一种能产生最有创造力的兴奋点。你可能会试图合并几个原型或选择不止一个，但是请记住，受众不会看出你的导师所有的复杂性。他们想把你的品牌理解成一个单一的、可识别的人物。原型不必传达品牌的所有内涵，它们仅仅代表了受众将要了解和建立交流的人物的一些基本特性。

先驱

我们内心深处常常有登上一艘大船驶向未知秘境的冲动，我们都暗暗地想潜入最深的未知，去探索地球和人类灵魂深处那些未经探索的角落。大多数人梦想着这些冒险，却选择了安稳地待在家里，唯独你不是。

你着迷于超越常规的解决方案。有远见的新想法是你的命脉，而且不会因为这些想法太冒险而放弃。你对未来充满好奇、富于创新、勇敢又乐观。

著名的先驱：美国西部拓荒的向导萨卡加维亚（Sacajawea）、战斗英雄戴维·克罗克特（Davy Crockett）、南极探险家欧内斯特·沙克尔顿（Ernest Shackleton）、飞行员阿梅莉亚·埃尔哈特（Amelia Earhart）、史蒂夫·乔布斯

- **先驱品牌：**李维斯、巴塔哥尼亚、三星。
- **核心价值观：**丰富、独特性、真实。
- **消极面：**有独立思想的先驱会盲目地投入新奇和冒险中，但糟糕的是，这类原型没有耐心来长期坚持价值观的构建。

反叛者

没有秩序就会出现混乱，但是长时间未被挑战的秩序只会导致一个结局：自满和暴政。你深知这一点，并寻求对现状进行创造性的破坏。你的动力是对一种更好生活的理想勾画，每当拆解掉一个旧规则，你也指出了一个新的解决方案。你重视行动和言论自由，你是无畏的、不妥协的、有创意的。

◆ **著名的反叛者：** 革命者切·格瓦拉（Che Guevara）、银幕硬汉约翰·韦恩（John Wayne）、滚石乐队、民权者罗莎·帕克斯、涂鸦艺术家班克西（Banksy）、政治家罗恩·保罗（Ron Paul）。

◆ **反叛者品牌：** 早期的苹果公司、占领华尔街运动、哈雷戴维森、维珍集团。

◆ **核心价值观：** 正义、独特性、真实。

◆ **消极面：** 反叛者会轻易地被误认为是故意搞破坏的人，偏离了创造性地破坏会陷入无政府主义的混乱。

魔法师

我们生来相信奇迹。当一个孩子被告知他已经达到了极限时，他会在口中默默念叨魔法咒语，相信自己依然可以转变这个世界。作为成年人，即使已不再念出魔法咒语，但许多人依然坚持着自我超越的信念。

你不会满足于别人口中那些可以做到的事，你富有创造力、不拘小节、精力充沛。

你相信通过想象力和玩耍可以移动大山，你陶醉于身旁的惊喜和愉悦。当你分享魔法天赋时，你更倾向于保守魔法的秘密。

◆ **著名的魔法师：** 梅林、现代印刷之父约翰内斯·古腾堡、发明家托马斯·爱迪生、天才科学家尼古拉·特斯拉（Nikola Tesla）、迈克尔·乔丹。

◆**魔法师品牌：**皮克斯动画、许愿基金会（Make a Wish Foundation）、TOMS 布鞋。

◆**核心价值观：**快乐、完美、美丽。

◆**消极面：**魔法师身旁充满神秘气息，对某些人来说，这种神秘可能带有欺诈的味道。

小丑

即便是从镜子中看到自己的荒唐愚蠢也是很痛苦的。但是，忽视自己的弱点，就注定会被这些弱点所击溃。你提供给人们唯一的躲在面具后凝视的方法，无论个人还是社会，都可借助幽默下的安全感。

你伪装成无辜的模样，让人们相信笑声是无须思索的乐趣，但是你知道事实并非如此。你很聪明，比别人更清楚地看到现实，然后找到一种方法，以最意想不到的方式将现实呈现出来。你是爱玩闹的，但是绝不胡闹；你也极端勇敢，并不畏惧指出掌权者的过失。

◆**著名的小丑：**丛林狼（美洲土著故事中的骗子形象）、兔八哥（Bugs Bunny）、马克·吐温（Mark Twain）、脱口秀主持人囧司徒（Jon Stewart）。

◆**小丑品牌：**本杰瑞、没问题侠客（the Yes Men）、政府雇员保险公司（GEICO）、布偶大电影（The Muppets）。

◆**核心价值观：**快乐、正义、简单。

◆**消极面：**小丑必须抵制诱惑，以免举止轻浮，否则会将生活的美好与可能性变成无休止的笑话。

首领

仅仅是梦中的耳语，便接受了历险的召唤，这样的英雄是很稀有的。但是，如果有一个勇敢而果断的领导者在召唤，英雄便会无处不在。作为首领，你的职责就是展开英勇的行动，并坚定不移地引领那些追随者。

你最强大的力量来自你所获得的信任，而这信任源于你清晰的视野和让人了解你的能力。你是理想主义者，自信、不知疲倦、勇敢。虽然荣耀和权力之门对你敞开，但你没有忽视你的真正目标——让周围的人有能力也成为领导者。

◆**著名的首领：**史诗英雄奥德修斯（Odysseus）、亚伯拉罕·林肯、马丁·路德·金、社会活动家旺加里·马塔伊（Wangari Maathai）、主持人奥普拉。

◆**首领品牌：**奥巴马竞选活动、耐克、LiveStrong 活动、纽特·金里奇 2012 年总统竞选。

◆**核心价值观：**完整性、完美、真实。

◆**消极面：**首领必须抵制不断的诱惑，避免紧紧抓住权力、只发号施令、不去鼓舞士气。如果抵制不住诱惑，他们很快就会成为暴君。

守护者

最美丽、最宝贵和最不可替代的东西往往是最脆弱的。在你坚韧的盔甲之下，驱动你的是你对那些不能保护自己的人、物和原则深深的爱。

你任其他人去展望未来，而你的任务是去捍卫神圣却可能失去的东西。你坚强、敏感、无私、果断，人们经常看到你静静地远眺，只有你所坚守的正义遭到侵犯时，你才会投入到心无旁骛的行动中。

- **著名的守护者：**环保领袖约翰·穆尔、生物学家珍·古道尔（Jane Goodall）、里根总统、茶党。
- **守护者品牌：**绿色和平组织、美国共和党、美国童子军 / 女童军。
- **核心价值观：**正义、完美、整体感。
- **消极面：**防御者对于任何一个社会都是不可或缺的，但他们往往都是最后才接受必需的改变。如果不能意识到必须要对过去放手的话，他们很可能会半途而废。

缪斯女神

从远处观察一个人的生活，你可能会发现重复、例行公事，乃至单调乏味。然而，在日复一日的蛰伏中士气被振作时，每一段生命都会被这激励的行为所装点，这些时刻给我们的存在带来了意义。凭借作为富含美丽、创造力和爱的榜样，你可以帮助其他人激发出这些精彩的时刻。

你深信周围的人，并且相信人类生来就是为了超越。你的策略是默默地以身作则。你谦逊、富有想象力、富有创造力而且乐观。你只想看到别人充分地发挥了表达自我的潜力。

- **著名的缪斯：** 查尔斯·达尔文、西班牙诗人费德里戈·加西亚·洛尔卡（Federico García Lorca）、舞蹈家玛莎·葛兰姆（Martha Graham）、民权作家马娅·安杰卢（Maya Angelou）、画家鲍伯·鲁斯（Bob Ross）。
- **缪斯品牌：** 乐高、宜家、Etsy 网站、家得宝、现阶段的苹果公司。
- **核心价值观：** 美丽、丰富、独特性。
- **消极面：** 通常缪斯的温柔正是人们所需要的，但是这种温柔可能导致她的声音和影响力在最被需要时陷入被动状态。

当你做出选择后，请翻到附录，在图示“导师原型”方框中写下导师的名字。然后写一些简短的介绍，要么从原型描述中提取，要么从你的经历中提取相关的信息，这会提醒你记住选择该原型的理由。

在“导师原型”方框的“消极面”部分，写下这个原型消极面的简短描述，尤其是消极面中最能真实反映出品牌脆弱性的元素，这将是对你的品牌会遇到的最明显困境的不断提醒。例如，如果你在为一个环保领域的非政府组织做营销活动，你选择了守护者原型，那你可能需要避免让人误以为“你反对任何自然环境中的变化”，因为变化是不可避免的。你可以在方框里写：“突出创新。”这将用来提醒你的团队，称颂在环境保护中的积极的人类干预，这会令你看起来像是一个有前瞻性的防御者，而不是一个故步自封的死板品牌。

步骤 2，将导师带到英雄身边

现在是时候给英雄介绍导师了。想象一下他们之间的相遇：发生在哪里？导师召唤英雄去历险时，对他说了什么？英雄说了什么来拒绝他？（请记住摩西最初受到英雄主义召唤时的抵抗。）导师是如何鼓舞英雄的勇气的？把这次相遇写成两个将要出场的角色之间的对话。

下面是一些成功的历险召唤的例子。注意，在强大的以讲故事见长的品牌中，历险的召唤通常以宣传词的形式出现。

WINNING THE STORY WARS

现实世界中历险的召唤

◎非同凡响（Think Different，苹果公司）

◎放手去做（Just do it，耐克）

◎是的，我们能做到（Yes We Can，奥巴马）

◎量入为出（Live Below Your Means，大众甲壳虫）

◎向前闯（Go Forth，李维斯）

Why those who tell-and live-
the best stories will rule the future

请注意，这些讲故事的品牌所获得的效益正是来自对历险的强烈呼吁，他们用呼吁来营造最引人注目的宣传口号。你可以将这些口号与“新一代的选择”相比较，这种比较应该能使讲故事的优势变得更清晰。

品牌礼物

你的品牌凭借什么给接触到它的人带来快乐？凭借一个实际的物品吗？凭借一种说话方式吗？还是凭借一个可见的偶像？你可以问问那些和你的品牌关系密切的人，当他们想到你的品牌时，脑海中会出现什么样的形象或想法。对某些品牌来说，品牌礼物是显而易见的，也是它们所提供产品的精髓。对另一些品牌来说，品牌礼物也许会比较难以捉摸，或者根本就不存在。无论哪种情况，如果没有这种无形的、情感上的万能装备，来帮助你用不可思议的方式把品牌植入受众的心中，你很难走得很远。

找到品牌礼物的小技巧

品牌的原型可以指明方向：缪斯的品牌礼物可能关于惊为天人的视觉美，比如令人称道的产品设计；魔法师的品牌礼物可能是从未见过的新奇之物，比如对新技术的强调；首领的品牌礼物可能是一个伟大的策略，比如奥巴马竞选对互联网的利用。

品牌现有的差异之处也许已经成为礼物：如果你已经做过传统营销方面的工作，你的根本差异或者独特卖点也许就是一个完美的品牌礼物。但是独特卖点所强调的与众不同并不意味着你能够使困难的行动更容易成功，但是一个品牌礼物则必须要能够成功。在给旧的营销概念打上一个新名字之前，问问你自己："这概念中有没有赋权的魔法？还是仅基于逻辑的品牌定位？如果只是凭借逻辑的定位，那该是重新开始的时候了。"

如果你难以确定你的品牌礼物，请返回到你所展开的英雄之旅中。想象你的品牌导师接近英雄时会交给他什么？会给他展示什么？导师不能仅仅用语言说服英雄去相信这段艰难的旅程可以实现，他必须让英雄切身感受到。

WINNING THE STORY WARS

现实世界中的品牌礼物

◎ TOMS 布鞋：一对一项目（每销售一双鞋便捐出一双鞋）

◎占领华尔街运动：用激烈的方式接管公共空间

◎塔吉特百货：优雅的美学理念

◎可口可乐：快乐

◎ LiveStrong: 黄手环

Why those who tell-and live-
the best stories will rule the future

品牌寓意和品牌福祉

想象一下，自从品牌导师和品牌英雄第一次相遇，距今已经十年了。历险成功了，英雄的世界变成了更好的地方，英雄也成为一个更好的人。当然，达到这一点并不容易，他克服了强大的阻力。

步骤 1，以英雄的角度写一封信来纪念旅程

这个部分应该读起来像是一封英雄写给导师的感谢信。在信中，英雄回想起成功的时刻。

当你写信时，要努力弄清楚英雄试图将什么知识、想法或物品带回他的世界，他试图实现什么样的愿景。这个愿景可以是重塑社会这样的宏大理想，

也可以是帮助年迈父母重拾快乐这样的目标，这些将成为你的品牌福祉。对于奥巴马来说，品牌福祉是治愈美国；对于大众汽车公司来说，品牌福祉是从追求地位的无谓竞争中抽身；对于安妮·雷纳德来说，品牌福祉是与受众的东西建立联系的新方式。

问问你自己，你的英雄是从什么样的考验中幸存下来，遇到了怎样的人或者怎样的内在反对力量？英雄的敌人通常会是他的反面镜像，是如果没有去历险则可能沦为的那个人。

步骤 2，找到品牌的寓意

关于世界是如何运作的这个话题，你现在构建的三段叙述能够告诉我们什么？用一句话将核心的教义写下来，就像英雄终于有了自己的智慧要与导师分享一般。这便是你故事的寓意。

这个教义会令你更深刻地理解生活吗？它会在你大声读出来的时候，传递直观的信息吗？如果你的故事寓意是违反直觉的，那是措辞的原因，还是你表达了一些公然违反人类共同智慧的言论？如果是措辞的原因，请确保使用基础层面的简单话术，用人们可以感知的词汇将故事的寓意更人性化地传递出去。但是，如果问题是你的故事寓意与人们直觉上一直以来秉持的观念相矛盾，那就要当心了，你正在进行一场艰难的战斗。

将品牌的寓意写在附录图示中的“品牌寓意”方框里。以下是一些品牌使用过的成功的寓意。请注意，你不一定能看到这些品牌的寓意都被直接写下来或推广到各处，它们可以是通过长期一致的传播而得以观察到的不言而喻的核心思想。

WINNING THE STORY WARS

现实世界中的有力寓意

◎多芬“真正的美丽”：真实就是美。每一个展现真实自我的个体都是美丽的。

◎巴塔哥尼亚：当你充实地生活，同时对自然的伤害降低到最小时，生活才是最愉悦的。

◎茶党：强大的精英正在盗取美国，而真正的人民可以将她夺回。

◎占领华尔街运动：强大的公司正在盗取美国，真正的人民可以将她夺回。

Why those who tell-and live-
the best stories will rule the future

如果你完成了所有练习，你面前便会有一个完整的故事模型的草稿。在接下来的章节中，我们来看看该模型是如何在你将要讲述和践行的实际故事中发挥作用的。

WINNING THE STORY WARS

Why those who tell-and live-
the best stories will rule the future

07

步骤三，生成一个有趣的故事

在注意力转瞬即逝而故事讲述者多如牛毛的当下，如果只使用常规的故事元素，或者套用传统的故事模型，怎么可能将乏味的信息打造成一个能引发共鸣的好故事？

“我不想看这个。”当我关掉一张血腥的、去了喙的鸡的图片时，路易斯叹了口气，又一个想法被我们否决了。太讨厌、太可怕、太啰唆、太震撼——似乎无论我们如何呈现事实，作品还是没能有趣到让人们想知道，自己食用的肉类从何而来。

我们之所以选择接下这个项目，正是因为它太有挑战性了。几十年来一直有人在试图激起公众对工业化农场的愤怒，然而始终没人能够打造出一条有突破性的信息。我们仅凭短短一页纸的联系人列表，而且没有经费预算，却在拼命让广大观众在我们解释这个迄今为止毫无趣味的话题时觉得有趣。

三个月过后，我们仍然没有什么可以拿得出手的东西。

“这个概念太抽象了，”我盯着我们位于旧金山市中心的办公室窗外那片一望无际的混凝土森林说道，“我们需要到一个农场里去写这个方案。”

“几个街区之外有一个社区花园，我们可以溜进去。”路易斯建议道。这总比没有好，所以我们决定去那里工作。

我们一边走一边寻找线索，提醒着自己当初是什么启发我们选择这个项目的。我读过这篇简短的文章："工业化农场处于人们关心的许多议题的中心。人类的健康、工人的权利、对动物的同情、家庭农场、环境保护，只有停止工业化农场的泛滥，这些议题才能得以展开。"

当我们来到郁郁葱葱的花园，我突然想起了田园牧歌的画面，蓝天、草木、阳光，这个画面常常被印在规模化生产的食品标签上。这个花园看起来很像我们讨伐的对象史密斯菲尔德（Smithfield food）的商标，这家公司出产工业化农场养殖的猪肉产品。"这些工业化农场深知自己的恶劣行径，绝不会在自己的产品包装上露脸，"路易斯顺着这个思路继续思索着，"于是它们转而向人们展示了它们的对立面——家庭农场。"

在不知不觉中，路易斯已经完全把我们的注意力从统计数据和恐怖图像的死胡同转移到了故事战争中。工业化农场的公司通过展示它们农场的纯真美景赢得了这些战争，这是一个令人信服的神话，带观众回到了过去浪漫的土地上；而战场上的另一方，我们这边，只是用恐怖的画面来敲打观众。

"没错，这和我们之前见过的一样东西相类似，"在谈论这些撒谎的标签时我说道，"到底是什么呢？"

我们本能地知道，如果能使用人们已经很熟悉的想法和形象来创作一个故事与敌人对抗，便可以削弱观众的抵触情绪，让他们知道我们的信息是值得关注的。我们可以加入他们的谈话，在他们的地盘上会面，而不是向他们挥舞一只血淋淋的鸡来威胁他们加入我们的阵营。

我开始搜寻大家熟悉的事物，在注意力转瞬即逝、沉迷于简短信息的数字口述时代，这是品牌所讲的故事取得成功的三大支柱之一。我后来才明白，只要掌握了三大支柱，对于人的大脑结构来说，营销人也可以很有趣。这三大支柱是把故事策略变成人们会注意到并想分享的实际故事的完美工具。

回到花园里，眼前这片熟悉的场景令我们灵光乍现，想出了一个完美的隐喻。工业化农场就像是《黑客帝国》里的场景，人类被困在培养器中长大，以喂养他们的机器主人。不错，很好的画面，但是这隐喻可以更进一步。在电影里，机器构建了一个美妙的世界来使人类驯服，因为现实世界太艰难、太难以接受了——就好像是那些撒谎的标签。

我们意识到已经掌握了一些东西，这种熟悉的文化参考可以引领我们超越保护动物的人道协会这一群体，抵达一个全新的部落，那就是动作电影的粉丝、科幻迷和流行文化的狂热爱好者。彼时是 2003 年，备受欢迎的《黑客帝国》三部曲将在几个月内发行最后一部。我们必须和电影的步调一致。

《黑客帝国》的隐喻也提供给我们现成的"骗子"——故事中那些挑战社会常规的角色。当有人打破规则时，我们便会活跃起来，好奇接下来会有什么事发生在他身上。他会被惩罚吗？他会成功并重写规则吗？自然选择进化出的大脑使我们不只是喜欢有冲突的故事，而是更喜欢那种将人物置于主流社会规则对立面的冲突。当然，这便是关于《黑客帝国》的一切：反叛者挑战被没有灵魂的机器控制的社会。

所以我们也要讲一个故事，像《黑客帝国》一样，讲述令人厌恶的文化规范。在《黑客帝国》里，这样的文化规范是人类被机器奴役；在我们的视频里，则是非正义的工业化食品生产。另外，讲述那些反抗规范的“骗子”或者反叛者。引人注目的骗子将会成为我们的明星。

“如果我们的主角是一头公牛怎么样？我们把它叫作‘哞菲斯’。”路易斯说道，视线并未离开他的速写本。

如此一来，只差最后一个支柱“怪胎”的就位了。“怪胎”是那些可以操纵人脑的偏好、令人们将注意力集中在他们身上的角色。我们的注意力常常被环境中最不寻常的人所吸引，因此由平日隐藏在食槽后面的动物来扮演这个角色再合适不过。不久之后，哞菲斯和他的门徒小猪“雷奥”，将会成为互联网传奇。

接下来，我们花了几周去创造这个视频。除了确定题目之外，我们似乎再没遇到其他障碍。我不知道如何解释，但是我们很难给关于动物产品的恶搞版《黑客帝国》确定一个合适的题目。

终于有一天晚上，在蓝草音乐节的演出上，我的思绪四处飘荡，脑子里突然闪现出一个清晰的答案。“路易斯！”电话一接通，我就脱口而出，“我想到一个名字——《黑肉帝国》。”

“很不错啊。”路易斯回答道。

雷奥和哞菲斯的故事将成为互联网历史上最成功的视频。迄今为止，它的浏览量已经超过 2 000 万次，并被超过 40 种语言配音。广大博主使这个视频成为网络上的十大热门话题之一，粉丝们说服了美国有线电视新闻网和美国国家公众电台对这个现象进行深入的研究。视频的结尾是哞菲斯向观众提供选择“红色药丸”的机会，并找到满足可持续发展的动物产品。

它为我们客户的环保食品指南带来了数十万的下载量。

通过使用“怪胎”、“骗子”和“熟人”元素来编写故事，我们得以将一场边缘化的社会活动变成主流的营销传奇。十多年后的今天，我终于明白了我们是怎么做到的：我们根据人类大脑的原始偏好，按照直觉建立了一个新的故事公式。

建立新的故事公式

为什么需要为故事打造一个新公式？为什么不能采用大部分讲故事手册所教的那些模型来确立人物、冲突和情节呢？答案是数字口述时代的要求远比过去的广播时代高得多，人们的注意力停留时间更短，受众更加分散，而且故事讲述者比原来多很多，竞争也更加激烈。营销人所讲的故事不断受到冲击，而且考验也更加严峻。无论他们是积极鼓励受众的参与和传播，还是畏缩不前，如果不与受众脑中接受力最强的神经中枢直接对话，那么所传递的信息在数字口述时代的拥挤战场上便不会被注意到。

这个挑战，不仅是《黑肉帝国》那样带有社会公益目的的信息会面临，每一个你能想到的媒体所讲述的每一个故事也都会面临。

看看当今时代那些广泛传播的故事都采用了怎样的方法。2010 年 YouTube 上最受关注的视频《夜袭者之歌》(*Bed Intruder*，也被译为《强奸犯之歌》)，在不到一年的时间里吸引了超过 5 000 万次点击。2010 年，广告商们花费了数十亿美元来精心制作投放互联网的广告，但没有一个像《夜袭者之歌》一样被广泛点击和分享。这个视频取材于一个当地电视台的新闻报道，然后经过混音和编曲，改编成了一首嘻哈歌曲。在过去，新闻剪辑很快就会被遗忘，或者顶多是家用录像带上无意录到的几个镜头。而在数字时代，它成为年度最具影响力故事的原材料。

《夜袭者之歌》将现实生活中的入室犯罪变成了一首有点烦人的、滑稽的嘻哈歌曲。这在广播时代可不是那种会得到审核批准播放的内容。在新闻报道中，安东尼·杜德森（Antoine Dodson）警告强奸他妹妹未遂的罪犯不会逍遥法外，这无疑是引人注目的，而且也让许多观众深感不安："他正爬上你的窗口，抓住你的家人，图谋不轨，所以你要看好你的孩子、你的妻子甚至你的老公，因为他们会强奸这里的每一个人。"杜德森的愤怒表达引起了格雷戈里兄弟唱片公司（The Gregory Brothers）制作人的注意，这些人也是《自动歌唱新闻》（*Auto-Tune the News*）的创作者。制作人改编了音乐，转变了杜德森的声音以配合旋律，并通过他们自己的 YouTube 频道发布了这个视频。歌曲立即大热，格雷戈里兄弟和杜德森都从中获得了大量收益。在 iTunes 下载方面，它排在年度 R&B 单元的第 3 名，总体排名第 25 名。杜德森凭借歌曲的分红买了一套房。

这通对犯罪者的痛骂，从杜德森传递到格雷戈里兄弟再到数百个粉丝，直至通过进一步混音和恶搞，吸引了数百万观众。通过传播歌词、发布视频、调整内容来感染自己的社交圈，实际上有数百万歌迷推动了这首歌的成功。显然，《夜袭者之歌》的制作者找到了一条变得有趣的途径，在对"有趣"的追求中已有成千上万次的尝试都失败了。

更深层次地研究《夜袭者之歌》的故事，我们会发现这些借鉴和改编的内容即便非常前卫，也绝不仅是一次偶然成功的漫无目的的取乐，这其实是一个数百万美元的营销策略。《自动歌唱新闻》是高盛（Goldman Sachs）资助的 Next New Networks 视频公司旗下的一个节目。它依赖于独立制作人的素材，被粉丝们疯狂地自愿传播，截止到2010年6月，Next New Networks的节目已经吸引了超过十亿次收看。

《夜袭者之歌》不是一个明显的营销活动，但我们将看到，从它的成功故事中吸取的经验教训可以直接应用于其他品牌和事业之中。

2010年YouTube上最受欢迎的广告片是《你男人的“男人味”》(*The Man Your Man Smell Like*)，这也是一个混音和重组的作品。

> “女士们，看看你们的男人，”一个半裸的、惊为天人的帅哥，在将要洗澡的时候用性感的声音说道，“再看看我，再看看你们的男人，再看看我。真可惜，他并不是我，但是如果他停止使用女士香氛沐浴露，转而使用老帆船（Old Spice）男士沐浴露，至少他会闻起来像我一样。”

与《夜袭者之歌》相比，这个广告更像是一个传统的广播现场，所以在网上取得了突破性成功之后，立刻得以在电视上播出。尽管如此，它带有广播传统的特征并没有阻碍它在网上被观众疯狂转发，事实上，广告的设计本就是为了网络传播。

在《你男人的“男人味”》广告发布24小时之内，兴奋的粉丝们将其转发600万次。趁热打铁，老帆船邀请这些粉丝们在Twitter上提问，由出演广告的明星稍后在短片段中做出回答。这种数字口述时代的天才战略使得创作者能够通过所有人的推文抓住观众的注意力，下至你的大学室友，上至阿什顿·库彻（Ashton Kutcher）和杰西卡·贝尔（Jessica Biel）这样的明星，这些名人也像普通公众一样觉得这个广告实在有趣。数以百计的恶搞视频也很快被制作出来，创作人员对侵犯版权的内容视而不见，稳坐钓鱼台一般看着网络热度不断攀升。老帆船沐浴露的销量在广告投放的第一个月内激增了107%。对广告的恶搞最受欢迎的10个版本，在未经老帆船品牌允许和监管的情况下，带来了1 200多万次点击。在广告制作者和网络社区的共同努力下，市场人员没有为广告推广投入分毫经费，就已经为老帆船创造了巨大的品牌价值。

有趣才能引人注意

没错，上述故事的成功是因为利用了传统的故事元素——人物、冲突和情节。但是，如果我们只使用这些普通的常规元素，怎么可能复制出电影《黑客帝国》、歌曲《夜袭者之歌》和广告《你男人的“男人味”》那样的惊人成就来？约翰·鲍尔斯可能会要求更多，而观众更是一样。

为了满足这一需求，我建议我们回溯到最深刻的根源去，也就是口头传统的最早时期，乘坐时光机去探索“要有趣”这一戒律。我们在旅程中要寻找的东西就是能和歌曲《夜袭者之歌》及广告《你男人的“男人味”》产生共鸣的线索。在本章的训练指南中，我们将探讨如何将所学理论实际应用到设计自己的突破性故事中。

在正式开始之前，请注意，虽然我们的搜索重点是互联网上实现病毒式传播的视频，这类视频已经成为数字口述时代的最主要艺术形式，但是我们所要学习的技巧并不仅仅来源于这一种媒介形式，这些技巧是从后广播时代的所有营销活动中提炼出来的，是有效讲故事的基础。

旅程开始于遥远的年代，我们首先去拜访一下亚当。在大约7万年前，这家伙住在东非的热带大草原上。所有读者都能够在自家的族谱上找到他的存在，他独特的遗传标记通过 Y 染色体，从每一位父亲传递给今天出生的每一个孩子。

当然，亚当的社交世界比现在的我们简单多了，他毕竟没有生活在一个 70 亿人互相关联的世界。他认识的人不过几百个，在一个大约有 90 名成员的氏族部落中过着狩猎和采集的生活，一个狭小而扁平的社交网络占据了他全部的生活经验。

科学家们一致认为，自亚当生活的时期至今，人类的大脑结构并没有什么显著的进化。他们是有推断依据的。几乎与亚当生存的年代同时期，人类祖先离开他们长久以来居住的非洲大陆那一小片领土，开始向全球各地迁移。彼时人类的基因库是很相近的，时至今日，不同人种间的基因库仍然异常相近。从世界任何地方任选三个人来比较他们的遗传基因构成，尽管从外表特征来看差异非常明显，比如肤色、身高或者毛发，但实际上三个人在基因排布上的差别比非洲同一地区的三只黑猩猩之间的还要小。考虑到人类生活环境如今差异如此之大，这种持续的相似性只有一种解释：自亚当生存的年代至今，人类的变化不大。

如果人类的基因排布变化不大，那么大脑肯定也不会改变太多，因为大脑结构是由基因蓝图决定的。既然我们与亚当使用着构造相同的大脑，那么假如我们在他出生之时就通过时光机将他带回到现在，他应该能够顺利长大并与现代人类相处融洽。

与亚当拥有同样构造的大脑也意味着，尽管每个人被养育的方式截然不同，但还是共用许多相同的方式来感知周围的世界。学者布莱恩·博伊德（Brian Boyd）所著的《故事的起源》（*On the Origin of Stories*）一书，从进化学角度对讲故事的历史追根探源，指出我们环境中某些类型的信息之所以能够引起关注，正是由于遗传学的深刻影响。任何生物体所处的环境，无时无刻不在提供大量的可供摄取的信息，如果生命体以完全平均的精力去对待每一则感官信息，那么早就淹没在无尽的信息中不知所措了。

"'进化'就是在解决这个困境，"进化论学者亨利·普洛特金（Henry Plotkin）写道，"生物通过积累一代又一代对世界的感知，筛选出对它们有用的信息保存下来，然后这些共同的经验就被留存在物种的基因库内。这些共同经验以基因的形式分配给每一个个体，于是生命体就会有一种与生俱来的想法和倾向，以特定方式去决定要摄取和吸收哪些信息。"

换句话说，无论你是在热带草原上狩猎，还是在 YouTube 上选择影片，你的大脑都注定会无视大部分信息，只把注意力集中在最重要或最有趣的东西上。不然的话，你早就把狩猎的长矛掷向目之所及的树木和岩石了，或者同样恼人地，你会迷失在无数的视频中，希望找到有价值的内容却徒劳无获。所幸，正如我们所见，人类的基因设定使我们能够直接绕过所有的废话，直接抓住那些我们觉得有趣的信息，就像广告《你男人的"男人味"》。

理解了基因"多重标准"的特征，我们就可以开始构建能够吸引人们关注并保留在记忆里的故事了，用这个方法来建立基于神话结构的共鸣看似不同寻常，却十分有效。鲍尔斯的第一条诫命"讲真话"，是为了与观众的价值与身份建立深刻的联系；"要有趣"则是关于如何在第一时间吸引观众的注意。《夜袭者之歌》《你男人的"男人味"》就是两个典型例证，将"要有趣"从"讲真话"的共鸣中完全分离了出来。这些走红的作品远称不上是运用了神话的力量，即便毫无内涵，但至少依然获得了突破性的成功。因为缺乏真实，它们不会获得持久的标志性胜利，但是你不可否认它们的有趣。

亚当开始厌倦我这些长篇大论的理论知识，索然无味地走开了。我们跟上他，来看看他觉得有趣的东西是什么。他的大脑在搜索什么呢？答案就是怪胎、骗子和熟人。

趁我们跟在亚当后面走着，你可以掏出移动设备来，看看《夜袭者之歌》和《你男人的“男人味”》。问问自己，为什么这些视频在数字口述时代这么火爆，你可以试着为这类作品的成功做一下简略的原因分析，原因之一当然是“有趣”，但你还需要更深刻地分析为什么“有趣”。

怪胎，用怪异的东西吸引人们的注意

有什么东西吸引了亚当的目光——另一个人。亚当的大脑有一个很重要的职能，就是识别其他人类，因此短短 170 毫秒内，他就意识到这张脸与自己平时看到的不太一样，对于亚当来说，这是一个重要的危险信号。

目前已被广泛认可的“社交商”（Social Intelligence）假说告诉我们，社会动物最大的进化压力来自需要去解读其他人类的身份、地位和意图，并将所获取的信息实现最大化利用。这是大自然早已设定好的。

这个陌生人也是人类，这个事实似乎使对方更有趣了一点。事实上，她打破了亚当对一个“正常人”的既有认知，这使她迅速而直接地成为亚当脑中关注的重点。认知心理学领域的大师杰罗姆·布鲁纳（Jerome Bruner）曾说，人类大脑的结构更倾向于留意怪异的东西：“我们的中枢神经系统似乎已经进化得十分高超，使我们的感官能够以不同方式相应地去处理预期中和意料外的各种信息……信息越出乎意料，大脑预留的处理时间越长。”

当代生活中的景观多是无甚特色的，因此我们早就习惯了身边有许多不熟悉的面孔。我们的社交商并不会不停地释放红色警报，因为陌生人的存在已经不再是威胁或机会。可是，如果见到一个和其他人外形截然不同的人类，我们的大脑就会拉响警报，同时也要努力控制自己不去盯着人家看。

这个女人也许在她自己的部落中算是普通人，但对于亚当来说，却是一个“怪胎”。她不符合亚当对“正常”的定义，这令他的注意力提高到生死攸关的警觉度。

亚当的这次偶遇截至目前可以说明关于大脑的两件事：第一，对于人类来说，最有趣的事物是另一个人类；第二，在这些人类中最有趣的类型则是一种全新而奇特的人类——一个怪胎。

亚当的大脑正在迅速运转，搜索应该做些什么，他的大部分注意力都在这个陌生女人的脸上，但是随后，他朝这个女人身上瞥了一眼，注意到她戴着贝壳串成的项链。这也不同寻常，让亚当回忆起过去常常在篝火旁边听到的一个故事。现在他的大脑发觉，不论是在现实层面还是想象层面，这件事都很有趣。亚当所讲过和听到的故事中充斥着各种各样的怪物：巨人、侏儒、化为人形的自然力量、会说话的各种动物。他也听过一个关于“贝壳族”的故事，传说中这个部族曾经庇护过他的祖先。

亚当听到这个故事并不是巧合，事实上，这些故事是为这种情况而设计的。布莱恩·博伊德认为，讲故事的一个关键功能是让我们在社交场合中表现得更加得体，让我们提前准备好应对这种不寻常的邂逅，故事能帮助我们更快、更好地理解和应对复杂场景。当然，我们都经历过像亚当这样的意外时刻，一时不知应当如何做出正确回应。通常我们会向之前听过的故事寻求帮助，不论是真实的还是虚构的，这些故事都会为我们提供一则训诫、一种道德，让我们可以依此采取行动。

人们喜欢听关于人的故事，特别是那些可以瞬间从人群中脱颖而出的人的故事。我们现在是在探讨如何吸引注意力，从气候变化的应对措施到圆珠笔制造的技术优化，无论在任何领域，我们都必须将自己的想法从抽象的事实和主张中抽离出来，去试着塑造一个出乎意料的角色。观众会被吸引，因为他们想要去看或去听这些怪胎接下来会做什么。

《夜袭者之歌》中的安东尼·杜德森和《你男人的“男人味”》中的以赛亚·穆斯塔法（Isaiah Mustafa）都可谓是怪胎。如果你在网络上看到了这些角色的视频截图，哪怕仅仅是一张小小的缩略图，也会忍不住点开。这是在互联网快速搜索时代怪胎们的一大优势。杜德森草草绑在头上的手帕、卷曲的头发、凌乱的胡茬，以及跨栏背心外甩着的两条木棍一样的胳膊，都立刻吸引了我们的注意。我们的大脑想要把他直接归类到电视新闻的犯罪受害者中，但是他的摇头晃脑和毫无说服力的恐吓，与我们设想中正常人对入侵者的反应大相径庭。我们从未见过有人在此情形下这样做，所以花点时间欣赏杜德森的视频，然后就再也忘不了他了。我们立即被吸引到了这个夜袭者的故事中，因为它的主角让我们根本移不开目光。

从以赛亚·穆斯塔法的身上移开目光也很难，穆斯塔法拥有雕像般的胸肌和富有磁性的低沉声音，正是一直以来营销人最喜爱的那类怪胎——完美的男人。但是真正引起我们注意的，是穆斯塔法打破了我们以往对于广告中性感符号的全部期望。伴随着背景中水流哗哗的淋浴喷头，穆斯塔法的开场台词让我们认识到，他会跟我们一起拿他的完美身材来开玩笑。这个广告值得一看，不仅因为里面的明星身材完美，更因为这个明星与其他完美男人不同，他愿意拿这件事开玩笑。

我们的大脑自动将这两个角色认定为新奇的东西——“怪胎”，它能够激发强烈的情绪，可以是恐惧、好奇、吸引力，也可能是滑稽带来的愉悦感。在这两个例子中，我们具有社会性的大脑立刻被吸引了，并在几秒钟之内就笑了出来。

如果你在看这些视频的时候，记下了“狂野”“怪异”“难忘”“俊美”等词汇，那么从某种程度上来说，也是在回应屏幕上的这些怪胎。

熟人，用熟悉的信息去保持人们的注意

回到大草原上，亚当还在想着他刚遇到的那个有趣的陌生人。但现在，想起了贝壳族人的传说后，他稍微放松了一点警惕，与其急着跑回他的部落告诉别人，他决定尝试去沟通。

亚当小心翼翼地上前一步，他想要伸出手，但是最终还是没有采用他所在部落的复杂问候方式，他知道陌生人也许不明白。于是，他微笑示意。

微笑是一个普遍的人类社会符号，所以亚当毫不意外地看到女人理解了，并回以微笑。然后，她将手伸到她的喉咙，皱起眉头，轻轻地呻吟一下，微微咳嗽着，然后再次微笑了一下。亚当立即明白她口渴了！但更重要的是，他开心地发现他们可以沟通。

在这种互动中，两个陌生人通过借助认知的共同点，寻求到有效的方

式去停留在对方注意力的中心。如果亚当采用自己部落精心设计的问候方式，或者是女人选择用自己的语言开始交流，他们可能会吓到对方，或者至少沟通的效果会很令人沮丧。

现在亚当的社交头脑被进一步调动起来。他的注意力一下子就被抓住了，因为这个女人是一个怪胎。但是如果她真的是如此奇怪，那沟通也是不可能的，亚当也并不会和她有一个积极的互动。但是，由于一些简单的交流符号，这个女人现在已经具备了“熟人”的特征。

如果营销大师塞特·戈丁（Seth Godin）也在我们的时光机中，他可能会提醒我们，现代世界可以被视为部落主义（tribalism）的回归，人们围绕共同的利益聚集在一起。无论地理位置相距多远，这些部落都会形成强大的纽带，他们还可以通过推荐和分享所关心的信息形成信任网络。这实际上便是Facebook壁垒的由来，也是像掘客（Digg）这种提供社交书签服务的网站的工作原理。这些工具帮助部落创造出一种彼此熟悉的语言，成为部落成员的主要排序策略，这也是在数字口述时代的信息洪流中航行的最佳方式。

作为营销人，我们非常像亚当故事中那个口渴的陌生女人——我们还不是部落的成员，但我们的成功取决于与亚当的沟通。如果我们很幸运，足够新奇到吸引亚当的注意。但是为了保持注意力，最终让亚当把我们带回家，带给他的族人，我们必须通过说一种他可以理解的语言，令自己立即成为他的熟人。我们不能在自己的地盘与观众会面，而是要去他们所处的地方。

人们说这么多不同的语言，因此在广播时代营销人不得不使用一种像亚当的微笑一样几近通用的策略，这种全球通用的语言使广泛的人群都可以进行回应。然而今天，随着人们有余地选择自己想采用的媒介，微笑便不再是唯一的或者可能最好的策略。营销人现在可以将消息编码为仅为某个特定部落所熟悉的信息。

只说一个部落的语言不就排除了其他受众吗？现在我们需要看看，这个部落隐喻也并不完全恰当。在过去，很难想象一个单独的个体同时是 20 个使用不同文字的部落中的成员。但是在数字口述时代，我们可以同时是吃货、雷鬼音乐的粉丝、棒球爱好者和政治迷。作为营销人，当我们创作的故事在一个部落中产生深深的共鸣时，我们更有机会将这个部落的成员转变为我们信息的传播者。一个有针对性的信息将首先由某一部落引领，这则信息正是为该部落所设计的，然后这个部落的成员将使用它来接触所属的其他部落。作为一个吃货部落成员，我可以推荐一个吃货的故事给我的棒球部落。这样做，不仅表达了热情，还提供了有用的信息，这个信息可以指导一个爱叼着热狗看球的大都会球迷享受到新鲜健康的食物。以这种方式，将“熟人”元素编码到故事中并不会限制信息的覆盖面，因为它提供了可以使其成功的火花。

在信息中建立广为熟知的标记，这一策略又被我称为“武装唱诗班”策略。而大多数人都抵制该策略。我们太害怕“向唱诗班布道”，以至于忘记了通过他们所属的部落网，唱诗班成员是我们面向广大公众最好的渠道。如果我们不能在受众所处的位置来满足他们的需求，那么最终也吸引不了任何人。亚当碰到的陌生人巧妙地避开了一种更有诱惑力的策略，那就是用外语说“我渴了”这种策略，但营销人却常常落入这一陷阱。

《夜袭者之歌》就是一个很好的例子，足以说明“熟人”是形成一个有趣故事的第二部分。当格雷戈里兄弟唱片公司发现有关杜德森的新闻报道时，这则新闻已经引起了广泛的传播效应，它有力地使用了怪胎元素。制作人将自己短暂的客串出演插入到故事中，并引入嘻哈元素，以此将视频在自己的地盘上引荐给了几个部落。《夜袭者之歌》的混音版很快成为数百万喜欢《自动歌唱新闻》这类政治幽默的粉丝的内部笑话。同时，对于主流嘻哈音乐的粉丝们，这条短片也算是“熟人”，而且够酷，他们认为这个片段是对说唱歌手 T-Pain 和他被广泛模仿的自动调音的恶搞。

认识到这是为自己设计的故事，这些部落开始将它传播开来，然后迅速地传播给他们所属的其他部落。安东尼·杜德森并不能被归类为嘻哈爱好者或热衷政治恶搞的人，是视频中这些熟悉的标记点亮了传播者的大脑，让他们将信息演变成雪崩之势。“这个故事不只是沟通，”粉丝们说，“它是要与我们进行沟通，那么就让我们也传播一下吧。”

《你男人的“男人味”》也应将成功归功于“熟人”，但是，作为更接近广播宣传的作品，它的焦点并不那么聚焦在具体的部落上。亚当因与陌生人分享共同生活经验和表达方式而感到高兴，类似这样的事，任何人都会经历。因此我们从恶搞模仿中获得了同样的乐趣，通过恶搞，我们能立即认识到创作者与我们分享了一个共同的文化观点。一个恶搞变成了陌生人内部的一个笑话，让我们突然感觉到亲切。这就是成为“熟人”的强大策略。

穆斯塔法似乎希望在广告中吸引“女士们”的注意：“女士们，看看你们的男人……”事实上，他想要吸引的是因大量广告营销而感到疲惫的消费者，这些年来一直被像傻瓜一样对待的人。《你男人的“男人味”》就是对这类广告的完美恶搞，根据它的创作者所述：“我们并不是说这个沐浴露会使你的男人闻起来像一个浪漫的身价百万的喷气式战斗机飞行员，我们只是在做这样的暗示。”

穆斯塔法在广告中不断变换位置：“你和闻起来像我的男人在一条船上，你手里有什么？回头看我，我手上是一个牡蛎，里面有两张通行证通向你所爱的东西。再看我，这些通行证现在变成了钻石。当你的男人有了老帆船的味道，而不是像女人一般，任何事情都会成为可能。”

如果没有美容产品广告的通用语言这一“熟人”，穆斯塔法便仍然是一个怪胎，而且还有点瘆人。我们会忍不住纳闷：“这个家伙是谁，他想说什么？”但是，当我们意识到我们都处在一个内部笑话中的时候，穆斯塔法就成了一个熟悉的怪胎，并且是一个惹人喜爱的家伙。我们都知道，老帆船品牌不会有任何令人发笑的功能，但我们可以不必那么关心，我们太忙于建立共同联系了。

通过采用“熟人”策略，这两个作品的创作者为他们的故事增添了第二个刺激大脑的、令人关注的元素。“它不仅很新奇，”我们的大脑说，“而且我可以和它建立联系。”

回顾你的笔记，如果你写下诸如“时髦”、“潮流”、“流行文化”或者“恶搞”这些关键词的话，你可能是在向你面前的这些“熟人”元素做出回应。

骗子，用反抗规范的方式引发更多共鸣

我实在忍不住要提议叫她“夏娃”，亚当和夏娃现在已经相处得比较舒服了。亚当对夏娃感到同情，双手抓住用羚羊皮做的装满水的水壶。

甚至早在松手放开那个水壶之前，亚当就已经开始想起那些美丽的贝壳珠子了，他不禁好奇，这个女人是否会给他一颗作为回报。是的，他的大脑已经进化出好奇的功能了。

自然选择学说为我们解释社会动物的进化提出了一个棘手问题。毫无疑问，集体狩猎的动物很有优势，族群或部落互相配合有更多的计划生存下来，并将他们的基因遗传下去。然而，为了一起追捕，部落成员必须全部相信大家会分享所得的猎物。这是复杂的地方，因为可以想见那些得到了比别人更多猎物的成员，会获得最多的营养，从而成为最强壮和最适合繁殖的人。所以即便学会合作的部落更加容易生存下来，但进化论会偏袒那些擅长囤积和作弊的个体，使合作难以实现。

自然选择已经解决了这个问题：一些部落进化出复杂情感和社会制度，从而能够惩罚欺骗者、建立信任、鼓励合作，或者说形成了利他主义，因此获得了自然选择的青睐。拥有复杂语言能力的人类，显然比其他动物更加精通这一技艺。

由于利他主义导向的社会行为能够带来许多好处，人类的大脑进化出一种能力来确保利他主义的实现，那便是能够主动地密切留意那些维护或违反既定规范的情况。如果我们的行为无私，那就要确保合作伙伴也一样——不然我们就是进化中的失败者了。

让我们回到夏娃的行为上来，看看上述原理是如何运作的。夏娃仰头喝了一大口水，然后把羚羊皮水壶还了回去。她给了亚当一个感激的笑容，微微低头示意，然后又笑了一下，走开了。什么？没有礼物回报？等等！她是个骗子！亚当难以置信地盯着夏娃慢慢消失在远方，并且再也没回头看。

我们永远也没办法知道为什么夏娃不做出回报。也许她恰好是反社会的，也许在她的部落，微笑就是足够的回报。但是亚当才不关心她的动机到底是什么，他只是很生气。

这次不成功的交换不仅仅是亚当不愉快的记忆，还很可能成为他与其他部落成员分享的一个故事。他甚至可能会添油加醋地使故事更有悬念感和戏剧性，也许还会编出一个令他满意的方式来惩罚夏娃，比如他听到夏娃离开时唱着歌，似乎对这次不平等的交易很满意，最终歌声引来了一条饥饿的鳄鱼。人类学家认为，在现实生活中类似这样的简单事件，就是构成数千年来民间传说的基础。

布莱恩·博伊德说，这样的故事在人类社会的发展进程中是绝对关键的。如今我们早已建立了严格的权力结构来强制实行利他主义，例如，如果你搭乘出租车不付钱就会有警察来逮捕你。然而在过去，只能借助讲故事，人们讲述那些能够强化社会期望的故事，反复强调那些做法不符合期望的人将会受到惩罚。有些学者甚至说，那些强化利他主义的故事解释了对上帝的信仰，因为存在更强大的神力可以将骗子发配到地狱火湖，这本身就是一个故事，提醒我们，即使在没人看见的时候，欺骗也是不明智的。

亚当会觉得他有义务向他人讲述自己与夏娃这次交易的故事。就像之前贝壳族的传说包含着某种亲切感，令亚当期待有成效的邂逅，这一次没能实现互惠交换的故事，也能使未来的部落成员对任何利他性的交换行为保持警惕。

亚当义愤填膺的故事让我们对那些能够产生共鸣的故事有了更深刻的理解，而不再停留在关于人物冲突的陈旧认知上。冲突不一定仅仅是好人战胜了坏人，或者一个角色阻碍了另一角色达到某一目标。真正吸引我们的冲突正是关于骗子的故事，记述那些行为违背了规范的人。他们要么因为自己的行为受到惩罚，要么就逃避了惩罚推动了新规范的建立，两种情形都算是圆满讲完了故事。如果被欺骗的社会规范是我们所崇拜的规范，诸如善良、互惠、创造力，那么欺骗者就是我们希望其受到惩罚的反派。有许多熟悉和经典的例子，例如，西西弗斯是一个品质恶劣的主人（他杀了自己的客人），因此注定要永不止息地将巨石推回山顶；吝啬鬼斯克鲁奇（Ebenezer Scrooge）因为不够慷慨而受到惩罚（尽管最终得到救赎）；伊卡洛斯（Icarus）既不服从自己的父亲，又在众神面前缺乏谦卑，最终葬送了自己的生命。

在现代社会，既有规范不断受到质疑，而且确实时常会失效，这类故事的镜像版本也出现了，而且力量相当。如果故事中主角所抗拒的规范是大众讨厌的那些，比如盲目趋从、不公正的等级制度、虐待，此时故事中“骗子”就成了一个反抗者，我们听故事时会希望他能推翻这些不公正的规范。这个公式能够解释许多故事的经久不衰：在《绿野仙踪》里，一个年轻女孩揭示了统治者的虚张声势；《罗宾汉的故事》中，社会不平等的现象被主角巧妙颠覆了；电影《风月俏佳人》中，破除了社会阶层对婚姻的限制。无论这些角色是反派还是英雄，在人们注意力转瞬即逝的数字口述时代，对那些骗子集中火力可以让我们直接切入舞台中央，吸引观众最多的关注。

我们正在分析的这些爆红视频无一例外。《夜袭者之歌》是成功的，因为那些观众忽视了它取材于一次悲剧事件，而只觉得十分滑稽。可以看出，视频中的怪胎和熟人是其成功的主要贡献力量，但真正增加了情感影响、堪称一锤定音的元素，是在一件令人震惊的事情上杜德森那完全出其不意的反应。有人刚刚闯入他妹妹的卧室里试图侵犯她，这太可怕了，我们准备好了要对反派表达怒火中烧的义愤，这个骗子违反了几乎人人捍卫的社会规范——一位女性获得人身安全的权利。杜德森以一种诙谐而荒谬的方式寻求正义，让自己成了一个令人喜爱的英雄："你不必来认罪，我们在寻找你，我们会找到你的。"观众注定会被这样一个故事所吸引。

如果杜德森当时是在因为母亲忘记买牛奶而大喊大叫，他从一开始就不会出现在新闻里。事实上，新闻几乎就是完全致力于找寻骗子和曝光他们的故事。犯下罪行的骗子，令故事引人注目和情绪化，我们已经做好准备要见证故事角色的恼火、愤慨，甚至暴力行为。然而却得到了完全不同的东西：杜德森滑稽地痛斥罪犯。数百万观众看罢视频哈哈大笑，然后把链接转发给自己的朋友们。

《你男人的"男人味"》也是因为一个骗子而有趣，这个骗子就是"你的男人"。故事的核心是你男人正在使用女性沐浴露，因此他闻起来像一位女士！由此也产生了一个极为有趣的微型道德故事，故事中有人违背了"男人就该闻起来像个男人"的规范，而可能遭受的惩罚就是他们的女人会离开他们，转而投向更有"男人味"的怀抱。就像穆斯塔法担任的那位英俊的产品代言人，他成功地以一种诙谐的方式模仿了经典传说中那些惩恶扬善的英雄，观众也对笑话迅速做出了反应。如果没有这个笑话，就没有故事可谈，也更没有如此突破性的成功。

如果你在观看这些视频时写下了"愤慨""不安""冲突"等词语，那么你大概已经能够意识到故事中的"骗子"了。

所以亚当没有得到他想要的与夏娃交换的东西，但他确实得到了讲述一个精彩故事所需要的元素，我们亦然。怪胎、骗子和熟人都是构建一个好故事不可或缺的工具，现在它们也是你的工具了。它们的最有利之处在于可以应用于任何品牌或事业。在长达几个月的沮丧之后，《黑肉帝国》使我明白了，只要找准方向、配合得当，这些故事关键词可以将最乏味的信息改造成能引起共鸣的好故事。它们就是使故事“有趣”的最佳方式。

在接下来的训练指南中，我们会将怪胎、骗子和熟人与故事策略搭配在一起，引导你逐步完成品牌需要的三种类型的故事：起源故事、象征性故事和纪实故事。

故事模型 2.0 训练指南

WINNING THE STORY WARS

如何通过 8 个步骤生成有趣的故事

现在是时候创造一个突破性故事了。如果你打算建立一个完整的品牌史诗，你将需要三种类型的故事。

品牌起源故事是关于组织或公司是如何创立起来的。当然，你的品牌是从哪里开始的、如何开始的，与它现在所处的位置毫无关系。两点之间的路径可能非常蜿蜒而复杂，似乎完全不值得回忆。但是在故事的语言中，围绕一个角色诞生的信息能够告诉我们想了解“他是谁”几乎所需的全部信息。更重要的是，任何宗教的起源神话都包含了整个宇宙创立的模式。因此品牌的起源故事很重要，它能将观众联结起来，为起源故事喝彩，并得到他们的认同和支持。

象征性故事使用虚构的角色、符号或人为设计的场景来说明更深层的真理。观众知道银幕或网页上的角色扮演者正在表演，但他们并不在意。正如我们所看到的，文字上的真实性不是衡量一个故事伟大与否的标准。观众真正想要的是有一个机会去了解世界究竟有怎样的秩序，以及他们可以如何应对。象征性故事可以为他们提供这个机会，从万宝路牛仔到《黑肉帝国》，这也是大多数营销活动的基础。

纪实故事展现了现实生活中的事件如何为信息服务。最基本的媒体知识告诉我们，纪实故事对于观众来说，可以和完全架空的象征性故事一样，以信息为基础且规范化。在每个人口袋里都装有相机的时代，观众会期待你能够讲述品牌的真实故事和那些仍在运转中的故事。从迈克尔·摩尔（Michael

Moore）[①]的纪录片电影到百事可乐挑战赛再到“快艇老兵求真相”[②]，都属于这一类。

在广播时代，品牌会花费数百万美元来部署营销活动，通常一次只投资其中一种类型的故事。而在数字口述时代，随着急速增长的观众复杂性和期望值，还有拓展成本的趋近于零，品牌必须巧妙地讲述这三种故事类型。在故事中部署怪胎、骗子和熟人这三大元素，你会得到应有的关注。用始终如一的语气、以价值观为导向，并始终围绕着故事引人注目的寓意，你便会在赢得故事战争的征途上渐入佳境。接下来的 8 个步骤将循序渐进地帮助你实现这一点。有了步骤就意味着你可以以纯粹的机械方式来创造故事吗？当然不是。故事归根结底是一种艺术作品，并没有完全适用的密码，而且这些练习不会为你写故事，行动依然牢牢掌握在你的手中。然而，遵循这些指导原则，将会为你带来很大的好处：让你在故事战争中脱颖而出，让你的信息能引起共鸣、保持连贯性。

设置舞台

步骤 1，选择故事类型

决定你想要制作的故事类型，是起源故事、象征性故事，还是纪实故事。

步骤 2，把主角塑造成“熟人”

写下哪些品质、品位和生活经历能使你的主角变得让人熟悉。

在这个训练指南中，我将使用“主角”这个词来代表你将要创作的故事

① 美国著名纪录片导演、作家及左派时事评论员，以制作讽刺时事的纪录片闻名。——译者注

② 由越战老兵组成的组织，曾指责国务卿克里虚报战况。——译者注

中的明星。我用这个词来把这个人物和品牌英雄区别开来，英雄是你试图吸引他们有所行动的受众。大多数情况下，你的故事不能由你想要影响的实际人物来出演。但是，你的主角就像你的品牌英雄，要能够识别出来，并被视为故事的根本。为了做到这一点，你的主角应该具有你的品牌英雄所属部落的一些记号。换句话说，他应该是个“熟人”。下面有几个方法来帮助你做到这一点。

- **主角可能会和品牌英雄以相同的方式来宣布世界是分崩离析的。**在 20 世纪 80 年代，温蒂汉堡（Wendy's）以耸人听闻的方式完成了这个任务，广告公司请了一位老太太，问出了每个在缺斤短两的快餐店吃饭的人心中的问题：“牛肉去哪里了？”
- **应该使主角的生活细节人性化，并允许品牌英雄想象将自己代入其中的场景。**研究表明，捐赠者更有可能把钱捐给提供了细节的受助人，这些细节可以使他们在情感上建立联系。所以你的主角也应该有这样的细节——他曾梦想成为怎样的人？在艰难的时刻到来前，他的生活是什么样的？他与你的英雄有什么共同的流行文化兴趣，比如音乐、食物或宗教信仰？
- **如果我们在英雄之旅开始时遇见故事的主角，他可能有着和品牌英雄同样的不情愿和怀疑。如果他已经到达了英雄之旅的终点，也就是说他本身就是一个英雄，那很明显他曾经也是一个平凡的人。**观众仍然陶醉于听乔布斯失败的故事。这些故事让观众相信，尽管曾有过种种失败，他们也可以找到这样的成功。

起源故事

你的主角应该是一个人或一小群人，他们可能并没有地图或具体的计划，但也已经动身去寻找更好的方法来做出些成就。起源故事的主角往往是热情的、顽强的、敢于承担风险的，但是不太可能是超人。他们看起来越脚踏实地，观众就会对他们越熟悉和亲近。

象征性故事

你有机会把你的象征性故事的主角像变戏法一样从稀薄的空气中变出来。然而，要抵制住诱惑，避免把你的主角变成你的品牌英雄的刻板化身。相反，要依靠上面提到的技巧来添加尽可能多的“熟人”记号。象征性故事也让我们有机会模仿流行文化中那些耳熟能详的元素。通过参考其他知名的角色或情境来让观众熟悉你的主角及其所在的世界，也是一个强大的工具，但是不能完全替代使用上述技巧创造相关角色的过程。

纪实故事

当你在现实世界中展示你的品牌时，必须展示它如何令生活变得更好。你的工作是通过你的品牌来识别被赋予能力的主角。你将谁放在舞台前方和中心，由你自己决定。要仔细花时间去寻找能够最大可能获得身份认同的人物个性。

步骤 3，把主角塑造成“怪胎”

写下是什么让你的主角成为一个怪胎。

通过识别是什么将你的主角塑造成了你期待之外的样子，你可以为主角形象增添更多细节。

创造身份认同将推动你塑造出令受众感到舒适和易被识别的主角形象，现在是时候去寻找反其道而行的方式了，我们要打破期望来吸引关注。

起源故事

伟大的起源故事中通常都有一些不可能存在的、不寻常的和勇于打破边界的人物，他们会近乎天真地问："有何不可呢？"爱因斯坦是专利公司的一位工作人员，却破解了一些科学界最伟大的奥秘；GAP 服饰的创始人当时只是一对因为找不到合身的牛仔裤而感到沮丧的情侣；比尔·盖茨曾经是一个怀揣梦想的书呆子般的少年。

象征性故事和纪实故事

如果你的主角能让观众感到惊喜，那么你的故事将会更加引人注目得多。你的主角的怪异可以是内在的，也就是说，他的个性或社会地位也许与他本人的境况不相符。在大量民间故事、宗教故事和令人难以置信的真实历史中，充斥着大量人物，他们的社会地位或者心智几乎与英雄完全不沾边，比如灰姑娘曾是一个低调的女仆，耶稣出生在马槽里，比尔·克林顿和罗纳德·里根都在贫穷和并不完整的家庭中长大。

你的主角的怪异也可以是外在的，是对任何人而言都显而易见的特点：美女贝尔的野兽体内隐藏了一个王子，尚未成年的哈利·波特拯救了世界，傻傻的阿甘给我们的人生上了复杂的一课。

步骤 4，把主角塑造成"骗子"

> 写下你的主角挑战了什么落后而失效的社会规范，他采取了什么措施来抵制这些规范。

最抓人眼球的主角是那些敢于攻击不再起作用的文化规范的人物，而在神话出现了鸿沟的时代，到处都是这些分崩离析的规范。

起源故事

一个新品牌或组织的成立在许多方面是反对现状的行为。你的起源故事不应该只是填补市场空间或提供新技术解决方案的简单故事。如果你能诚实地把你的品牌起源描述成一份具有反叛精神的贡献，帮助我们建立更加利他主义的社会，如此你可以大大增加共鸣，例如美国的开国之父们创造了一个抵制暴政和特权的新国家。当孟加拉乡村银行（Grameen Bank）的创始人、诺贝尔奖得主穆罕默德·尤努斯（Muhammad Yunus）认定长久以来的传统慈善模式没办法真正帮助穷人的时候，他发起了小额信贷革命。维基百科的创始人吉米·威尔士（Jimmy Wales）创建了世界上最大的知识库，抵制旧的精英模式的知识构建。

象征性故事和纪实故事

我们已经探讨了你的主角是谁的问题，他所要做的就是去挑战不再起作用的社会规范。你的主角不仅仅是收获了品牌慷慨馈赠，而且需要积极抵制那些死板而阻碍了进步的社会现象。回想一下耐克、多芬、大众、苹果公司、《东西的故事》、茶党和占领华尔街运动等这些突破性品牌，想一想它们在对抗这个破碎的世界时，是如何突显出那些真实或虚构的人物的。

步骤 5，确定敌人

写下那些阻挡了你的主角前进的角色。

接下来，我们需要确定另一个或一组角色，那就是与主角对抗的敌人。

如果你的主角是“骗子”，他无疑会冒犯到当权者。毕竟，一个好的骗子总是扬言要推翻现状。那些反对他的力量就成为你故事中的敌人。并不是所有的品牌或事业都需要妖魔化反对派，不过确实有一些会把他们妖魔化以追求更好的故事效果。指明有哪些人、观念或力量阻挡了主角前进是很重要的，因为这可以使起源故事的影响力和戏剧性瞬间增加。

如果你的品牌或事业是建立在破除传统的位置上，那么要破除的这些传统是什么？又由谁来代表呢？是旧的营销模型下那些为品牌做宣传的妙龄女郎？是庸俗的竞争对手？还是缺乏道义的自私自利者？苹果先后将 IBM 和微软当成自己的敌人，大众汽车公司的敌人是那些鼓吹品牌彰显地位的汽车公司，本杰瑞冰激凌的敌人是哈根达斯这样的“冒牌”欧洲品牌，茶党和占领华尔街运动分别将怒火抛给了权力过大的政府和大公司们。

你的舞台现在已经设置好了，两个最重要的角色也已经确定，而且他们之间有矛盾。随着故事的发展也许会出现更多的角色，但你的故事主干现在已经呈现在眼前了。

确定声音语气

现在你已准备就绪来把你的角色和冲突应用到实际操作中了，但是了解故事的内容并不意味着你已经决定好如何讲述故事。因此在接下来这一步中，我们就要来试着做出决定。

步骤 6，确定人物语气

写下三四个可以描述你选择的具体声音的形容词，比如“激励”“古怪”“平静”“知识渊博”“急躁”，等等。

确定正确的语气是关键。你的语气带着幽默吗？或者强烈的紧迫感？还是富于美感？要做出这一决定，请查看你为品牌导师选择的原型。每个原型都指向一个特定的讲故事语气。例如，小丑很少是认真诚恳的，而守护者不会经常讲笑话。故事的前后连贯性要求你清楚知道品牌导师的主要声音特色，并坚持下去。并不是说守护者不会笑，但是如果你在每次交流中都强调幽默，可能是时候寻找一种新的原型了。图 7–1 对各个原型的语气进行了描述：从活泼到严肃，从鼓励到命令。

图 7–1　品牌导师原型的讲故事语气

活泼的原型往往依赖于在讲故事中同时具备幽默、奇思妙想和出人意料，他们热爱讽刺和模仿；严肃的原型则更适用于那些能够激发更简单情绪的特质，诸如骄傲、乐观和愤怒；命令式原型更具规范性，已经准备要为他们指导的人指出一条明确的道路；鼓励型原型更倾向于通过授权观众去找寻自己的旅程来把他们调动起来。

这个图表像原型本身一样，只是一个指导，在许多经典故事中都有打破这些规则的原型的例子。你的目标不应该是将你的品牌声音放在该图表中你的原型所在的位置上，而是应该放在你的品牌真正要定位的地方。你也可以通过品牌礼物找到声音的线索。比方说，一个品牌所要赋予的礼物是愉悦，可能就要调整品牌的首领原型，使他既是权威的，同时也是快乐和乐观的。你选择的声音语气将保持在你所有交流的核心位置，所以它必须让你能够舒服地讲话。如果你的声音语气将你定位到了图表上与原型相反的位置，你可能要问问自己，你的品牌和原型是否真的相符。

回顾一下附录中你之前选定的原型有哪些描述，现在想想你打算如何使这个原型成为你独一无二拥有的。

创作故事

现在，是时候创作你的故事了。最好快速阅读一下后文如何测试故事那部分内容，然后返回并开始执行步骤 7。

步骤 7，起草故事

你已经有了英雄、敌人、故事寓意和声音语气，无论是在撰写演讲稿、设计海报，还是拍摄一段视频或一则 30 秒钟的广告，你现在都可以开始这段艺术之旅了。当我开始自己的写作之旅时，我喜欢先看一遍我已有的信息，比如故事策略、主角形象等，然后把它们搁置一旁，因为我知道可以随时调用它们而不需要对它们进行持续的关注。

接下来，让我大脑的创意分区来接管，我会直奔视觉和物质方面，描画一些景观和场地来供我的角色居住。然后，我开始想象在这些空间内发生的行动和对话。这些空间中的一部分很快就因为过于荒谬而被排除掉了，另一些则是适合发生精彩故事的好场景，我为这些场景写下行动纲领。然后我停下来，检查所写下的内容，看看是否依照了在策略和语气方面定下的准则承诺。最后，我回到故事中，为所发生的事件列好顺序并加以润色。这当然只是写作者们会使用的数百个操作方法之一。诀窍是要注意到那些可以为你所用的情节发展模式，给它们命名并记住它们（有关生成故事的其他写作技巧和工作表，请访问WinningtheStoryWars.com）。

为你打算讲的故事大致描述一个概念，一张粗略的手稿就足够。此时你还不需要把它修改到完美的程度，因为你的故事要面临测试，并且很可能需要大规模改造。

测试故事

如果你对故事的想法清晰成型了，就需要测试一下。你会使用在升级指南中学到的技巧来实现故事的连贯性吗？还是你的故事难以免于广播时代五宗罪的陷阱？

自负之罪测试

罪过：你的故事全部是关于你的品牌有多好吗？

成功：你的故事全部是关于观众可以做到多好吗？

权威之罪测试

罪过：你是否依赖抽象数据或技术专长来建立联系？你的故事中唯一明确的只有观点吗？你是否只吸引观众理性的一面？

成功：你是否创造了一个情感上有魅力的角色扮演者，他们的行为和经历揭示了一个关于世界的深刻真相，使你的事实更可信？

虚伪之罪测试

罪过：你只是在说你认为品牌英雄想听的东西吗？

成功：你会始终基于品牌形象来表达故事寓意，以此与观众产生共鸣，同时推动他们以前所未有的方式思考吗？

吹嘘之罪测试

罪过：你是在用“上帝的声音”去命令你的观众感动吗？

成功：你会受品牌导师原型的启发以独特和人性化的语气讲话吗？你会向观众提供独特的品牌礼物，以使他们感觉更加满意和兴奋吗？

诡计之罪测试

罪过：你是在孤注一掷地试图通过空洞的滑稽或廉价的煽情等低级营销伎俩来与观众建立情感联系吗？

成功：你是在围绕共同价值观建立情感的密切联系吗？也就是把幽默和情感建立在这个坚固的基础之上？

步骤 8，改进故事

在犯下罪过的地方做出改进，从而使你的故事能够回到正轨上。把之前写的那一页纸的故事策略也放在手边来检查你的作品，不过不可太死板地盲从你的策略，因为它的作用应该是激发而非限制你的想象力。

WINNING THE STORY WARS

Why those who tell-and live-
the best stories will rule the future

08

步骤四，践行你讲述的故事

在这个透明的时代，真实性不再只是一个选择，不论你是推广一项事业或是销售一件产品，真实性都处在故事模型 2.0 的核心。而坚持真实，意味着修正商业活动中的一切错误。

LIVE THE TRUTH

推开围在办公室外的记者和叫喊着的人群，托尼·海沃德（Tony Hayward）[①]开始怀疑他是不是被悄然送到了一个荒谬的人间地狱。他似乎只是在一个寻常的阴天早晨来到圣詹姆士广场（St. James Square），似乎如此前的每个工作日一样踏入同一栋楼。这似乎就是他的生活，除了一个可怕的细节：他周围的每台电视、每部电话、每张嘴都被召集起来，成为折磨他的手段，喷射出源源不断的愤怒的问题，而这些问题，任何一个理性的人都没法回答。

> “海沃德先生，钻井什么时候才能盖上？”
>
> “海沃德先生，这次泄露会比瓦尔迪兹（Valdez）那次更糟糕吗？”
>
> “海沃德先生，BP 会宣布破产吗？”

如果成为世界上最受讨厌的人只是意味着死亡的威胁和反对者扔来石头，海沃德还可以应付。但这些问题却要把他逼疯了。他希望自己可以无视它们，但是他被迫要回答这些问题，而且他知道如果自己还能神志清醒

① 英国人，1982 年以地质学家身份加入 BP，2007 年接任英国石油公司首席执行官。在针对墨西哥湾深水地平线钻井平台事故的听证会上因回避问题而引发不满。——译者注

地撑到最后，唯一的奖励便会是这个最后的问题："海沃德先生，你什么时候辞职？"

凄凉。

海沃德来到六楼，踏入会议室，紧张地看着聚集在这里的主管们，预期着他们也会来攻击他。其中一个与会者之后形容，那天，老板坦率而孩子气的脸上带着冰冷的目光。

"你太疑神疑鬼了，托尼·海沃德，"他自己想着，"你认识这些人的，他们是你的团队。"

海沃德放松了一下，这位受围攻的BP首席执行官自己问了一个问题："我们到底做了什么，以致落到这般田地？"

没人敢回答，但有人把这个问题写了下来，交给了一名记者。在接下来的几个月，托尼·海沃德，这个被调查者们称为世界上最鲁莽而强势的石油公司的管理者，会被成百上千次地追问，他怎么会问出这么愚蠢的问题。

实际上，海沃德的问题没有看起来那么愚蠢。这个问题可以洞察到一个人和一家公司的心理，他们成了自己那具有欺骗性的营销策略的受害者。BP讲述事实，讲述人类对于石油的依赖所带来的危险，并且号召人们去对抗它，从而作为绿色能源品牌上升到了极高的地位。它也为自己预备了巨大的失败。不仅是因为2010年"深水地平线"的漏油事故造成了这个"绿色品牌"数十亿美元的资产损失，还有一个没怎么被认识到但可能更为重要的一点，BP这个虚假的绿色品牌在漏油事故中扮演了重要的角色，这个绿色环保的假象令公司主管们对于公司极度危险的勘探策略中骇人的问题视而不见，令他们相信自己是“好人”，尽管反面证据堆积如山。这个灾难是个完美的警示故事，它警示我们谨遵鲍尔斯三条戒律的最后一条——“践行真实”：“坚持真实，这意味着修正商业活动中的一切错误。如果事实无法告人，修正它，使之可以告人。”

如果无视这些话，则要风险自负。

对故事战争的探索已来到最后阶段，我们将探讨品牌为什么必须要践行所讲述的富含价值观的故事，以及一些简单的方法。真实性不再只是一个选择，尤其是在这个透明的时代，不论你是推广一项事业或是销售一件产品，真实性都处在故事策略的核心。

在故事价值观与品牌经营观之间建立深层联系

1997 年，大胆的约翰·布朗（John Browne）打定主意要通过勘探、收购以及营销，来创造世界上最大的石油公司。这位英国石油公司的 CEO 相信，可以教导消费者对一个品牌的汽油情有独钟。许多人当时认为这个想法是疯狂的，但布朗知道如果这项壮举可以实现，将会给他带来巨大的竞争优势。他收购小公司，用他的品牌提高小公司的销售额，将它们汇集成一个帝国。

创造一个标志性的石油品牌的想法最初是在布朗任职于英特尔公司的时候产生的。这家公司生产微晶片这种几乎看不见的产品，却可以成为世界上最著名的品牌之一，多亏了“给电脑一颗奔腾的‘芯’”（Intel Inside）这个巧妙的广告。布朗对此深感震撼。“人们不会问 BP 是否在内，”他接受《哈佛商业评论》采访时说，“或许有一天他们会这么问。”

但是，这个桀骜不驯的主管面前有着一座巨大的山需要攀登。人们大都憎恨石油公司，只会满腹怨言地加汽油。自从1989年的“埃克森·瓦尔迪兹”号（Exxon Valdez）灾难[①]之后，所有与石油工业相关的人员都被看成了坏人。随着人们对于气候变化越发担忧，这种情况也越发恶化。当时一个重大的行业调查发现，在品牌吸引力方面，发动机燃料成了表现最差的类别。

布朗打算做点儿激进的事。1997年他出席斯坦福大学举办的活动，置身于太阳能电池板中间，宣称人类造成的温室气体和气候变化之间有着直接联系，这一事实有不可辩驳的证据，而此刻必须得做出行动了。同年，布朗戏剧性地让英国石油公司退出了全球气候联盟——一个质疑气候变化科学性的石油利益团体。

这一切都引起了国际上广泛称赞。布朗颠倒了一家大型石油公司的故事策略，推出了新的价值观（包括事实）、新的主角（关心环境的消费者），以及新的故事寓意（我们必须一起合作找出替代方法）。这是故事战争里的结构性转变——石油公司不再抗拒，而是参与气候变化的斗争。

2000年，英国石油公司的品牌发生了明显而彻底的转变。名字变成了BP，推出新的宣传语“Beyond Petroleum”（超越石油），相当于公司实际上的全名。BP的盾牌标识被太阳神赫利俄斯代替，也就是一个既是太阳又是花朵的标识。品牌重塑之后，布朗承诺在替代能源领域投资几十亿美元，同时许诺大幅削减自己公司的排放。

① 又被称为阿拉斯加港湾漏油事件，泄漏1 100万加仑原油，被认为是当时最严重的环境污染事件。——译者注

新的形象阳光而积极，伴随这个新形象的广告也采用了经典而有效的营销手段，因此不出意料，效果非常好。BP 没有让大众相信他们可以通过消费来解决石油的问题，那会被看成明显的“漂绿”（green wash）①，相反，BP 聘请的奥美广告集团创意团队决定讲述一个更深层的事实。广告号召大众与该品牌进行对话与合作，做困难的选择，最终提出解决方法。这些信息并不会让人感觉良好，但却能鼓舞人心。

“其中的精神不是‘你漂亮的小脑瓜就别担心了，我们会提供你所需要的汽油’。”奥美北美区董事长约翰·塞弗特（John Seifert）回忆 BP 做的这个营销活动时说道。这些著名的广告展现了街头的普通人对汽油依赖这个难题有何意见。

这些广告遵循了我们至此所见的成功营销的所有规则。他们踏入了神话的鸿沟，为意识到陈旧的发展观不再合理的社会提供了一个新的故事。他们还强调了诚实的重要性，号召人们深入思考，无私行动。

“想想你的孩子，”在一个广告里，一个女人被问到她想对石油主管说些什么的时候，她咆哮道，“他们呼吸着我们呼吸的空气、你呼吸的空气，而且是很糟糕的空气……如果你有其他可做的事情，把钱投资到其他选择上吧。你还是能赚钱。这不会让你成为一个激进的人，这只会让你成为一个更好的人。”

观众与批评人士大为赞赏。新的形象和伴随着 BP 新形象的看似真实的对话使得布朗关于可爱的石油品牌的设想成为现实，甚至超越了他高远的梦想。BP 很快在品牌忠诚度上飞跃至发动机燃料类的首位，然后迅速

① 指公司做出非常关心环境的姿态，以掩盖其产品或行为对环境造成的真正影响。——译者注

跨出这一领域，成为世界上所有领域内最受欢迎的品牌之一。

布朗自己则成了著名的“绿色石油商”，更具有戏剧性的是，他被商业媒体称作“太阳王”。他狂热地将小公司合并进 BP，迅速相继购买了阿莫科石油公司（Amoco）和大西洋里奇菲尔德公司（ARCO）。BP 这位首领身上的荣光也持续扩张。1998 年，在斯坦福大学的演讲之后，布朗即被授予了爵位。2001 年，他以布朗勋爵的头衔被任命为上议院的一员。整个世界似乎对 BP 宣扬的事实很买账。

投资者也很买账。2007 年《商业周刊》的一篇文章认为，BP 超越对手埃克森美孚的优秀风险评级可以归因于 BP 在替代能源上的投入。这是绝妙的成功，因为在之前的 5 年里，BP 有 760 次违反安全规定的行为，埃克森美孚却只有一次。BP 讲述的故事实在太好，连事实真相也损害不了它。但真相一直都很残酷。

尽管 BP 大张旗鼓地讲述事实，即矿物燃料带来的问题，其实却活在谎言里——这个石油巨头的经营没有丝毫“超越石油”的东西。多年来，布朗在绿色广告上面的花费多过替代能源的研究。他对清洁能源几十亿美元的长期投入甚至比每年在石油勘探上的花费都要少。截至 2010 年，BP 在氢能、风能、太阳能以及生物燃料上面的投资只占总支出的 6%。

2010 年，回顾 BP 的经营，《华尔街日报》注意到，该公司的商业策略长期以来都建立在做一名行业尖端的领导者上——在墨西哥湾钻世界上最深的井，在北极搜索石油，在阿曼的岩石里榨取天然气。这些动作确切来说不是“超越”石油。当这位男爵环游世界，为他的绿色投入接受奖项与荣誉的时候，他也在通过削减开支来促使利润增加——裁掉成千上万的员工，包括许多工程师，而这些人的工作就是保证 BP 强势的工程项目不会为工人和环境带来灾难。

布朗这种咄咄逼人的策略所带来的结果是戏剧而悲惨的，然而在发生美国历史上最大的漏油事故之前，它们都神奇地掩藏在品牌美好的形象之下。2005 年，得克萨斯州一个 BP 的炼油厂发生火灾，15 名工人死亡，170 人受伤。政府发现这次的死亡事故并非怪事，而是由极其疏忽的企业行为所造成的。BP 受到了职业安全与卫生条例史上最大额的罚款。2006 年，一个破裂的 BP 管道在阿拉斯加的冻原上喷出了超过 20 万加仑原油，这是阿拉斯加历史上最严重的岸上漏油事故。国会调查发现，这次悲惨事故的重要原因是玩忽职守和成本削减。

这些灾难和成百上千次记录在案的差点发生的灾难让 BP 的许多员工清楚地意识到，对于布朗而言，谨慎和安全根本不是首要问题。他热情地关注三件事情：冒进的石油勘探，成本削减，还有绿色品牌宣传。

政府发出惩罚报告、内部开展调查，还有其他石油公司对于即将来临的灾难发出警告，布朗却依然是 BP 的领导者。直到 2007 年 5 月，在一次尴尬的个人和法律丑闻之后，这位“太阳王”才退位，他的门生托尼·海沃德，一个在 BP 待了 27 年的老员工接管了公司。

托尼·海沃德将自己吹捧为改革者，而且他自己似乎也相信了。但是近 30 年的工龄，加之在布朗的内部圈子里待了太久，令他成了一个彻头彻尾的公司忠实员工。尽管他信心满满地谈论着 BP 巨大的转变，声称重视安全，实际上却深深沉浸在 BP 说得多、做得少的传统里。

一位 BP 前安全工程师总结了该公司安全措施方面的肤浅，他说主管们“过于重视安全问题的简单部分，就好像下楼梯要扶住把手这种，他们花了许多时间讨论倒车泊位的优点以及咖啡杯没有盖子的危险，而对于困难的东西，也就是投资并维护复杂的设备方面却没有什么热情”。他说，这是因为一旦涉及石油，“他们就凶猛地追逐，这股猛劲麻木了他们的头脑，非常可怕”。

托尼·海沃德像布朗一样，容易的时候就全力支持安全，但是当安全和最大化石油产出发生矛盾的时候，安全似乎总会退一步。因此在2010年，在托尼·海沃德的执政下，BP成了“超深”海上钻探的世界领导者，然而在安全违规方面也处在榜首。其网站却骄傲地宣称：“‘超越石油’这句宣传语以最简洁精练的方式总结了我们的品牌。这既是我们支持的观点，也是对我们行动的实际描述。”

因此在2010年4月20日，一场特大灾难终于出现之时，对于行业观察者以及BP的员工而言，这并不意外。“深海地平线”石油钻井平台爆炸，造成11名工人死亡，5个月内超过500万桶石油泄入墨西哥湾。只用了4天时间，该漏油事故的规模就超过了臭名昭著的阿拉斯加港湾漏油事件。对于这次爆炸事故，无数的调查都指向BP削减成本、无视安全。

因此，很难想象托尼·海沃德能问出这样的问题：“我们到底做了什么，以致落到这般田地？”他是诚实地提出这个问题，不是为了公关，他是在办公室这个私密场所提出的。这是一个比地球上任何人都更了解BP肆无忌惮的行为的人，是他执导了这个世界上最具欺骗性的品牌之一。他带着改革者的任务而来，然而完全失败了，没能转变公司肆无忌惮的行为。

事实上，托尼·海沃德只是最后一个问出这个明显荒谬的问题的悲剧人物而已。同样奇怪地，这个问题曾在历史上被许多误入歧途的领导者提出，他们将自己孤立在了自己创造的现实里，身边围满了其他以相同方式看世界的人，不管他们的所见是多么扭曲。我们很容易想象，肯尼迪在古巴猪湾事件的惨败之后、尼克松在水门事件后，或是小布什在伊拉克没有发现大规模杀伤性武器之后问出这个问题。在疯狂的借贷行为令传奇机构纷纷失利之时，这个问题也一定撼动着华尔街的那些摩天大楼。这个现象叫作“群体思维”（group thinking），如果机构拒绝践行他们所讲故事中宣称的事实，这样的现象便会猖獗起来。

心理学家欧文·詹尼斯（Irving Janis）在20世纪70年代建立了群体思维的模型，在一定程度上解释了在一个决策团队里，本来很聪明的成员为何会经常做出灾难性的决策。詹尼斯发现，当某些条件具备时，团队便会迅速达成一致决策，而不顾那些警告他们正在犯错的明显迹象。极度团结的团队围绕着一个强大的领导者，会忽视或者惩罚反对意见。不久之后，他们不再看到反对意见的存在。到此时，比起局内人自己创造的虚幻现实，外在世界的现实就开始变得不那么重要了。群体思维的受害者们通常过于乐观，相信会得到想要的结果，对冒险充满了危险的热情，因为他们相信自己不可能失败。外界看来邪恶或是愚蠢的行为，在内部看来，却完全合情合理。

当约翰·布朗得到了全球的尊重，升至顶端之时，群体思维像浓雾一般降临到了BP的核心领导团队里。安全问题的警告红旗以内外界调查的形式，甚至是巨额罚款的形式在各地升起。布朗和他的团队，包括托尼·海沃德，乐观地以肤浅的修正来应对，相信这些措施能够解决更深层次的安全问题，同时最大限度地开采石油。告发者竭力让主管们维护安全设备，当他们没有这么做时，一流人才辞职以示抗议。主管们一致忽略了这些反对意见。当托尼·海沃德接管BP后，领导团队花了大量时间来讨论重视安全的计划，同时却在他们进行的项目中增加了风险。从内部来看，一切都非常正常。

为什么 BP 的领导者们完全败在了群体思维的魔咒之下？这主要归责于超越石油和奥美聪明的广告营销所带来的成功。

欧文·詹尼斯指出了八个关键症状，既是团体迷思出现的条件，也是造成错误决策的原因。第一个症状就是刀枪不入的幻觉，他解释说，这是“对于团体道德毫不怀疑的相信”。詹尼斯认为，这是一种道德正义感，会让团队成员对他们行为的后果变得盲目。似乎成为好人让你实际上做什么都变得无关紧要，即便是你的行为让自己和他人陷入危险。

毋庸置疑，布朗“超越石油”的广告活动让 BP 成了全球眼中的好人。消费者相信了，他们让 BP 成了最受好评的汽油品牌；投资者相信了，在风险评级上给了这家公司难以置信的高分；英格兰女王相信了，为布朗授予爵位；最悲剧的是，约翰·布朗和托尼·海沃德也相信了，BP 的领导者们为他们自己的神圣所迷，大胆地进行其他没那么神圣的石油公司绝对不敢尝试的冒险。要记得，那个被公众痛骂的埃克森美孚石油公司只有一次安全违规行为，而 BP 却高达 760 次。

BP 强大的营销策略创造了宝贵的消费者群体，但是也创造了过于团结的领导团队，对自己的错误盲目不知。因此，生活、生计、生态系统，连同 21 世纪最宝贵的品牌形象之一轰然坍塌。托尼·海沃德震惊了，很可能是因为他和其他人一样，被“超越石油”所愚弄了。

虽然很少有人有能力产生出 BP 那样大规模的利润或悲剧，但每个营销人都可以从这个石油巨头的巨大错误中得到教训。创造一个基于崇高价值观的故事策略，却与你的品牌的经营观毫不相关，这会让你的品牌处在危险之中。当这个策略和其他营销策略一样开始成功，比起你的品牌实际所处的现实世界，这些故事所描述的现实对你而言变得更加真实。你的团队相信了这个崇高的价值观，醉心于这个故事，尽管是假的，对于企业管理的基本原则却动摇了。当细致的分析被置若罔闻，危险就上升了。漂绿行为最严重的受害者之一，却令人惊讶地成了漂绿的品牌。

WINNING THE STORY WARS 故事思维

百事可乐的再度失败

“百事焕新”（Pepsi Project）营销项目是历史上运用社交媒体进行市场营销的一次最成功的尝试。但是它的成功和BP一样，掩盖了一个事实，就是它建立在对现实的无视之上。

2010年，百事可乐公司取消了在超级碗上播出的电视广告，改为支持一个慈善活动，“百事焕新”就是那时开始的。那年，这家饮料公司向非营利机构以小额资金的形式提供了2 000万美元，然后让消费者来决定钱的用处。这个活动的想法是，人们应该有机会表达自己的价值观，而百事可乐会听取他们的意见，这个品牌将和它的粉丝们一起合作“让一切焕新”。让受众从消费者转变成公民，很难想出比这更好的例子来了。

这有效果吗？这个活动在发起第一年就获得了8 000万张投票和350万名Facebook粉丝。百事可乐与众多关心社会的人联结了起来。根据百事可乐的调查，有1/3的公众知道这个活动，但是还有个潜在的问题隐藏在这些惊人的数字之下。

当肥胖成为这个时代的健康危机之时，饮料也开始变得像是20世纪90年代的石油一样“臭名昭著”。在非营利机构工作的人们可能比大多数人都更清楚这个社会问题。《华尔街日报》的一篇文章指出，许多被这个活动的第一季所吸引的申请人和投票人根本不喝汽水，比如唐·伊文思（Don Evans），他为温哥华的流浪汉提供服务。伊文思很感激从百事可乐赢得的25 000美元资金，他说要是没有这笔钱，他要帮助的那些人就没有地方存放财物。但是他告诉《华尔街日报》，他不喝汽水，并且以后也不打算喝。而且，并不是每个人都像伊文思这样温和，许多焕新活动的投票人激烈地表示反对，他们认为这是百事可乐的虚伪。在“健康”和“环境”的投票类别下有许多负面评论，以致该活动在第二季不得不放弃这些类别。百事可乐说这些类别下的言论不符合品牌“轻松愉快的特点”。对百事可乐公司而言，不幸的是，焕新社会的事业并不总是一件轻松的乐事。

百事可乐可以重新安排类别，扼杀评论，但这无法抹去失败的事实，按照一位饮料产业的分析人士所言，该活动的第一季“是彻底的失败”。2010年，百事可乐在社交媒体上获得了传奇性的胜利，然而销售额却降低了4.8%。更尴尬的是，百事可乐的销售额有史以来第一次低于健怡可乐。

百事可乐或许最终会解决“百事焕新”项目中营销成功和销售之间的脱节，但只要它无法有效并真实地将其产品和服务融入其焕新世界的愿景之中，营销上的胜利就是虚幻的。这也是为什么这个历史上最成功的社交媒体活动实际上是失败的。2 000万美元的捐款，比起几十亿美元的销售额，算不上践行真实。受众需要并要求你的品牌价值观和行动之间有更深的联系。

Why those who tell-and live-
the best stories will rule the future

正如百事可乐和BP告诉你的那样，采用赋权营销模型来进行推广也可能是危险而复杂的。幸运的是，我们不是非得重复这样的错误。你的故事策略可以驱动你践行其中的核心价值，而这个数字时代也带来了众多的潜在同盟来帮助你。他们是故事战争中无处不在的最新主力军——“维护真实的特工”。

邀请维护真实的特工成为品牌同盟

这些维护真实的特工是实验室的技术人员，他们分析着芭比娃娃的包装，寻找硬纸板的成分里是否掩藏着苏门答腊热带雨林木头的痕迹。他们发现这个受全世界女孩所钟爱的玩具，对同样受全世界女孩所钟爱的幼年苏门答腊虎的死亡负有责任，于是将这个信息传递给了绿色和平组织。绿色和平将这个真相做成了广为流传的视频故事，故事里的主角听说芭比娃娃在破坏地球，于是扔掉了它。

在收到了几十万封愤怒信件之后，美泰公司（Mattel）这个世界上最大的玩具制造商，声称自己并不知情，同时宣布了新的包装政策。这项活动的新闻最终会成为主流，但并非即刻。在消息出现于绿色和平的媒体平台上和 YouTube 上之后，当地的新闻媒体对美泰公司总部外面的一群抗议者进行了报道，至此这一事件才广为人知。在当今，维护真实的特工是考据专家以及社交媒体的能手。

《不要慌张》（*Don't Panic*）这本杂志的地下记者也充当了维护真实的特工，他们向保护国际基金会（Conservation International）[①] 的对外合作主管提出了一项交易。这些记者认同保护国际所宣称的环保目标，但是在观察了这个非营利机构的企业合作名单上包括雪佛龙、孟山都、壳牌、BP 等公司之后，开始怀疑保护国际是否愿意和任何一个为其提供财政资助的企业进行合作。于是他们设计了一个圈套，声称是世界最大的军火商洛克希德·马丁公司（Lockheed Martin）的营销主管。他们在一家餐厅和保护国际的代表见面，悄悄录像并开始游说。这些假冒的主管们说，洛克希德

① 非营利环保组织，保护地球上尚存的自然遗产和全球的生物多样性，并以此证明人类社会和自然是可以和谐相处的。——译者注

由于其炸弹在伊拉克所引起的“附带损害”而在新闻界遭受了打击，但这些负面的关注是不公平的，因为他们都会进行回收利用，把战场上旧的弹药回收回来制造新的武器。

“你们可以怎么帮助我们对付媒体，填饱他们的胃口？”其中一个记者扮演的主管问道。“我们会组建一个团队来解决这个问题。”保护国际的代表回答道。他们设立了一个计划，让洛克希德收养一只濒危的中东秃鹫作为吉祥物，保护国际同意为他们拟订一个传播计划。会有审计来对这家公司的实际操作进行检查吗？不会，这不是合作的一部分，而这家军火商则会为这次合作写下一张巨额支票。

保护国际后来声称针对这次会面制作的视频是不公平的，是断章取义。但是，人们很清楚，保护国际的高层对于企业合作的重视胜过实际的企业责任，保护国际可以赞成任何一个愿意付钱给他们的人。

《不要慌张》这段隐蔽拍摄的视频点燃了成千上万的环保博客以及新闻网站，让保护国际在其潜在的合作者和支持者群体中显得极为尴尬。维护真实的特工非常有创意，而且他们勇于挑战那些名义上的同盟。

但大部分维护真实的特工不是激进分子。他们有的是父母，使用像良品导购（GoodGuide）这样的手机软件来获取产品商标上找不到的健康信息。当一个女性消费者发现她最爱的婴儿洗发液品牌里含有神经毒素时，她会发 Twitter，提醒社交网络上的朋友以及这个品牌自身注意这极具讽刺的现实：一个“超温和”的产品会造成大脑损伤。有一位旅客，他受到了一家航空公司柜台代表的粗暴对待，而这家航空公司的理念是关心顾客。这位旅客拥有一个自媒体平台，有 1 500 人关注了这个平台，这些人都深信他的意见。在他激烈的言论传播出来之后，1 500 名旅客就会变成 15 万名旅客，紧接着就为这家航空公司的故事带来了出其不意且令人难以接受的反转。

维护真实的特工是可以追踪钱款去向的捐赠者，是可以发现候选人钱款来源的投票者，是可以互相讨论对于某个品牌全部体验的消费者。他们越来越习惯 Yelp、Twitter、Facebook 的“赞”，还有亚马逊网站上的评论。如果这些特工是 50 岁以下的人，他们很有可能通过网络而不是广播来获取新闻。通常这些网络上的新闻都会包含社交的层面，他们接收到的每一条信息都会附有朋友的评论和推荐。这个言论世界正在变得越发透明，而进入这个世界的入场费便是真实。

不管你怎么小心打造你的故事策略，写出最重要篇章的是你的受众，他们中的许多人便是维护真实的特工。对于任何一个拥有或管理某个品牌的人而言，今天的受众似乎比广播时代那些被动媒体消费者可怕得多。他们是可怕的，直到你明白一个简单的事实：他们并不讨厌你。事实上，如果他们检查你的真实性，很可能是因为他们想要喜欢你。他们与你的核心价值观产生了联结，受到了你的营销的启发，他们不过是想看见你践行你讲述的故事。

绿色和平在芭比活动中真正的目标是金光集团（Sinar Mas），在砍伐苏门答腊热带雨林的活动中近乎隐匿的纸品公司巨头。但是这样的公司是很难被撼动的。“金光集团的领导者根本不会在乎这些对它们大声呼喊的少数声音。”罗尔夫·斯科尔（Rolf Skar）说道，他是绿色和平的一个组织者，参与打造了芭比活动，“因此我们将它们的产品向上追溯，追溯到顾客关心的品牌上，这些品牌有真正的品牌责任。美泰不是世界上最邪恶的公司，但是它试图向消费者传递的价值观和事实形成了极大的对比，所以很容易用一个故事展现它的所作所为，令人们愿意行动起来。”

顾客喜欢美泰公司关于童年欢乐与纯真的品牌故事，并且希望这是真的。当这家公司的行为让人们对这个故事产生怀疑的时候，对于最关心其产品的父母和孩子这个群体而言，这些信息就值得传播了。美泰突然成了一个骗子，这件事很有故事价值。绿色和平组织明白这一点，尽管活动的策划者们可能永远都不会喜欢美泰，但他们依靠的是数百万想要喜爱这个品牌并看着它践行真实的观众。

《不要慌张》的记者和所有宣传这个讽刺故事的环保博主并不想看着保护国际失败。他们非常希望看见这个巨大的非营利机构在环保方面取得成功，这是建立该机构所要达成的目的。但是当保护国际这样的品牌迷失方向的时候，特工们就开始行动了。

耐克当然不是唯一使用血汗工厂的罪人，也不是最糟糕的那个，但是有赖于耐克成功的赋权营销，它成了顾客最想要喜欢的那个品牌。人权活动人士明白这点，成功地将耐克变成了“血汗劳动”的同义词。他们的目的是让这个运动鞋传奇品牌真正践行自己的故事。还有一个广为流传的成功活动，有人从苹果公司的产品里查出了有毒的化学成分。道理一样，顾客希望苹果公司和它故事里呈现的形象一样干净而革新。人们想要喜欢这些品牌，如果这些品牌践行了真实，人们便会喜欢它们。如果你打算围绕标志性的故事建立起一个标志性的品牌，你就应该去面对这份对于真实性的需求。不论是一个全球舞台上的标志性品牌，还是一个驰名当地的品牌，这一点都是适用的。不论规模大小，人们都热心于他们喜爱的品牌背后的真相。

即使对于那些准备好践行真实的品牌，达到真实也并不容易。看看美泰，深藏在其供应链里的虚伪也被曝光了出来，像这样的问题可能隐藏在任何地方。当你尝试着去一次性处理品牌中的所有失误时，很快就会发现这是徒劳的。那么该从哪里开始呢？

建立一支践行真实的团队

一个构建良好的故事策略是一个宝贵的工具，还有一个地方可以体现这点。构建在清楚的核心价值观上面的品牌已经表明了他们打算实践的事实。因此他们知道维护真实的特工在无情地搜寻虚伪之时，最可能会将他们的审查集中在什么地方。他们知道从哪里开始践行真实。

这个过程开始于邀请维护真实的特工做你的同盟。打开你的大门，让他们当面告诉你他们在 Twitter 上会发布些什么，在博客上会写些什么。最有效的方式就是建立一支真实性团队，从局外人开始，而这些局外人代表你的每一个核心品牌价值观。

如果你的故事策略是围绕着独特性展开的，强调个人天赋的表达、创意、不墨守成规，你可以找到一个有影响力的教育者，他一直在开拓使学生表现独特的新方法。这个人可以是著名的大学教授，也可以是在社区学校里默默工作的人。不论怎样，你寻找的是一个对于独特性坚定投入的人，并且非常善于表达他对这个价值观的信念。如果公正是你品牌的核心价值观，渴望实践崇高的道德观，推翻残暴行为，你可以和一位脚踏实地的政治活动组织者合作，这些组织者对其事业的追寻也展现了不同寻常的勇气。

你所寻找的人通常是非营利机构的领导者、记者、艺术家以及有影响力的博主。你甚至可以在 Twitter 上找到他们，指出你在真实性方面的漏洞，这些漏洞被巧妙地掩饰了起来，是你的祸害。这些特工很可能不会忠心于你的机构，却强烈忠心于他们自己的价值观。当你请求他们帮助你的品牌实践他们珍视的价值观时，许多人会热情地接受这个挑战。

同盟还可以在身边找到。如果你已经选择了符合组织特性的价值观，毫无疑问你的团队里会有正在实践并宣扬这些价值观的人。不管他们在组织里处于什么位置，你也可以邀请这些内部的维护真实的特工加入你的真实性团队。

抓住践行真实的机会

真实性团队的首要工作就是找出能够践行真实的机会，这些机会应该既有做出被动反应的行为，也有前瞻性的活动。以 BP 为例，如果其领导团队在决策过程中一贯给内外部维护真实的特工留出空间，那么压倒他们的群体思维之咒可能就可以被打破。他们可以更好地装备起来，发现营销和操作之间的不符，这样做就可以意识到企业最严重的问题，从而省去了后面花费的巨额资金。

被动反应的工作是检视操作、合作、产品、服务，寻找明显违背核心价值观的地方，这个过程是个强大的聚焦工具。只是试图让你的组织变成“更好的公民”是一个太过宽泛的任务，而面对你所宣称的价值观将虚伪之处移除，这项任务虽有挑战性，但终究是可行的。

找到前瞻性的践行真实的机会可能会更有益处，因为你的行为会令你的品牌所讲述的故事真正值得关注。这个过程开始于完全改变你的品牌和价值观之间的关系——不把价值观看成推动品牌的载体，而把品牌看成宣传价值观的载体。

WINNING THE STORY WARS 故事思维

TOMS 的品牌故事

布雷克·麦考斯（Blake Mycoskie）就是这样做的，从而让公司成了十年来最受欢迎的以故事为基础的品牌之一。TOMS 几乎一夜之间由小小的创业公司变成了全美最大的一家鞋履公司。

麦考斯的品牌是围绕一个激励人心的个人故事构建起来的。他到阿根廷旅行，看到了没有鞋穿的孩子们。他开始寻找有创意的方法，为这些孩子提供鞋子这一基本的必需品。麦考斯后来建立了自己的鞋履公司，秉持着每卖一双鞋给一个有钱人，就捐赠一双鞋给所需之人的做法，希望能改变世界。今天，当人们看到 TOMS 品牌的时候，就会立即知道“一对一”项目所体现的麦考斯的价值观和故事。“我意识到在当今时代，有故事是多么重要，故事能够将公司区分开来，”麦考斯对《快公司》杂志说道，“人们不仅穿我们的鞋子，还讲述我们的故事。”

通过建立一家承载自己的价值观的公司，麦考斯写下了一部史诗，一个还在不断展开的故事，在这个故事里，他和他的顾客都扮演着英雄的角色。这是绝对的故事战争的胜利，令 TOMS 成了持续流传的主题。

Why those who tell-and live-
the best stories will rule the future

不是每个品牌都有幸像 TOMS 那样，因意外的发现和热情而创建。但是通过创造前瞻性的机会来实践价值观，可以构建出故事的价值。但是首先注意，这项工作如果只是泛泛地做好事，那就会失败。好的故事来自极富创造力并专注的投入，去实现你的价值观。

WINNING THE STORY WARS 故事思维

巴塔哥尼亚的品牌故事

巴塔哥尼亚将它的核心价值观转换为经营原则，其中之一便是影响其他企业来保护环境。为了实践这一承诺，巴塔哥尼亚的领导团队发挥创意，开展了“为地球捐献 1%”营销活动，让企业将收入的 1% 捐献给环保机构。至此已经有 1 000 多个品牌参加，为环保事业筹集了几千万美元。巴塔哥尼亚不满足于此，它抓住机会，指导沃尔玛进入可持续棉和有机物市场。因此，有机服装开始商品化，巴塔哥尼亚继而想出了更深层次的方法来践行真实，并且增强其产品故事的独特性。它开启了“共同织物”（Common Threads）项目，回收破旧的聚酯纤维衣物，利用到新的高档服装里，减少了 75% 的能源使用。该品牌如今推出了一条顾客承诺：“我们生产有用而耐用的衣物，不需要的东西就不要买。”此前真不可想象这句话会出自一个零售商之口。每当这个革命性的方法激励其他品牌投入到可持续行为上时，巴塔哥尼亚就会继续前进。每一步都和该公司的核心价值观紧密相连，为巴塔哥尼亚几百万忠实的顾客构建起统一而清晰的品牌发展故事。

Why those who tell-and live-
the best stories will rule the future

找到前瞻性的机会来践行真实正迅速成为品牌的当务之急，因为对顾客做出温和而不明确的呼吁正变得不再有效。这很有可能是因为最近十年像 BP 这样的品牌为环保营销带来了不好的名声。美国安全检测实验室公司的一项调查发现，2010 年有 95% 的环保声明犯下了调查者们指出的“漂绿七宗罪”中的至少一项。不出意外，几乎 2/3 的美国人不再相信与可持续发展相关的营销声明。环保营销即将出局，而基于真实故事的营销方式将取而代之，那就是宣扬大众所认同的清晰的价值观，并且找到有创意的方式将之在真实世界里展现出来。

当今最有远见的可持续发展倡导者之一保罗·霍肯（Paul Hawken）将此看作划时代的转变："如果说我们现在缺少些什么，那就是有意义的事。"当我问及营销的未来，他解释道："如果宣传环保是你的策略，那我祝你好运。但如果你的营销故事是关于重建断裂的社会纽带，就可以建立起一个生态系统，让人们感觉自己归属于某种更宏大的东西。"霍肯相信这是相当强大的手段，"最终，你会看到真正绿色环保的品牌根本不会以绿色为卖点"。

比起无意义地声明自己会做好事，前瞻性地践行你的价值观是唯一的超越之路。前瞻性地践行真实，你会发现机会存在于品牌与所有利益相关者的关系里——顾客、员工、竞争者以及你所处的社群。

收集践行真实的故事

组织的价值观和行为之间达到完美的一致或许是你永远无法完全抵达的目标，但是当你开始走上这条路时，你就开始产生与你的故事策略完全一致的令人信服的内容了。

分享这个内容需要能够承受信息高度透明——宣布你走向哪里意味着承认你现在身处何地。但是振作起来，英雄之旅总是开始于一个不完美的世界，开始于一个不可能成为英雄的人。这使得你通往真实的旅程成为一个令人信服的故事，而不仅是又一个感觉良好的广告活动。透明度让你的营销成为诚实的对话，让你的故事值得关注。

讲述引人入胜的故事，第一次机会在真实性团队创建之时就出现了。

创建这些团队的品牌把似乎不太靠得住的局外人邀请至他们的内部。这些外来的领导者通常可以成为故事中强大的主角，就像神话里的角色一样，他们是价值观的代表——这也是为什么一开始要选择他们。作为你部落里的外来客，他们算是怪胎，通过违背你的期望来寻求关注。通过毫无隐瞒地记录这个团队的探索，收集冲突与挑战的故事，然后将这些故事公之于众，你践行真实的旅程就会成为强大的营销工具。

当然，如果你的真实性团队只是你的品牌做表面文章的吉祥物，他们不会停留下来。要有效地讲述你的故事，这些队员需要能够自由地讲述在你通往真实性的旅程中他们的经历和挑战。这种完全的透明也许会有困难，但那些想要在每份公报发表前都先做内部审查的品牌，最终会在故事战争中失败。

接下来，当你从设计走向实施阶段，故事元素便开始在你周围成型。你的品牌已经成为宣传崇高价值观的载体，将方法记录下来，会让你的故事变得可信而有吸引力。

WINNING THE STORY WARS 故事思维

耐克更好的世界

“耐克更好的世界”网站是一个执行得很好的例子，耐克将其通往真实的旅程解释了出来，与其核心价值观和故事策略完美一致。众人皆知，这个品牌崇尚通过努力与奋斗来追求完美。它一点一点地展现了如何在真实世界里实践完美这个价值观。它为印第安人的脚专门设计了跑鞋，帮助这个群体通过运动来抗击糖尿病，为此而成立的N7基金会免费赠送鞋子；耐克是流浪者世界杯的创建者之一，流浪者世界杯让全世界极度贫困但富有决心的人们到足球场上竞技，以此通向更好的生活；耐克的工程师们想出办法，用塑料品制造出职业球衣，每年从垃圾堆里救出 1 300 万个瓶子。当耐克的竞争精神让它成了可持续发展领域的领袖，它将自己的专利提供给了其他公司来帮助它们。“耐克改善世界”与其许多竞争者对于社会责任的模糊承诺形成了鲜明的对比。然而，“耐克更好的世界”里明显缺失的，却是该品牌在公平劳动方面的承诺。几个长期的公益运动一直在敦促耐克放弃血汗工厂，如果没有按要求照做，那么耐克公司就会和它清楚声明的完美价值观产生矛盾，也会因此错过一个明显的践行真实的机会。

Why those who tell-and live-
the best stories will rule the future

如果你的真实性团队创造了可行的机会，让你能够更深入地践行真实，无论这机会是被动反应还是前瞻式的，都可以对现实中的人物以及地区产生积极的影响。这些影响背后的脸孔和故事会为你传播平台上讲述的故事提供宝贵的基础。故事战争的胜利依赖于不断地收集并讲述真实的故事，它们展现了在实践价值观的路上所取得的进步。

当这些未加工的故事材料开始出现，你的故事策略将再次变得关键。现实世界发生的事对你的营销没有作用，除非你采用技巧，将人、事实、事件转变为吸引人的故事。但你现在有了所需的策略来做这件事：当讲述的方式与你的价值观和故事寓意一致时，当内容能代表品牌导师的语气时，当故事强调怪胎、骗子和熟人元素时，你的真实性故事就会成为强大的营销工具。你所收集的这些真实故事都必须要与你的故事策略紧密相连。

讲述通往真实性的故事无疑是个有创意的挑战，但也是巨大的机会。许多品牌在那些既无意义又容易被人忽略的广告上花了无数的资金与时间，如果能将其中一小部分转移到讲故事上来，媒体界就会充满有意义的故事和令人信服的品牌。现在，突破的机会是大大开放的，因为只有少数品牌和事业学会了好好讲故事。现在这个机会是你的了。

你或许注意到，鲍尔斯的第三条戒律——践行真实，要求是最高的。它需要机构上下各层的认同，尤其是领导者，他们通常认为营销不是自己的责任。但是在这个信息透明的时代，管理层的人和讲故事的人之间的墙正在迅速崩塌。保留这面墙的组织终会发现，他们在故事战争的战场上没有好的装备。而在那些墙已经倒下的组织里，营销人就有机会在品牌不断发展的故事里，乃至人类的整个文化里，成为主角。或许做营销职业的人不太可能身处这个位置，毕竟，他们是从推销专利药品和香烟等缺乏诚意的操纵手段开始的。但反过来说，最好的故事里的主角，不总是那些最不可能的人吗？

用新故事塑造未来

2007 年，妻子和我到中东旅行。那时，她怀着我们的第一个孩子，我常常会想到将来。当我们漫游在《圣经》中的“应许之地”时，我不断想到，我们的这个孩子可能会看到 21 世纪之末，这个我从没考虑过的时代。我们的女儿米拉目前令人欣慰地在我们身边，但我知道，她注定会生活在一个我们无法触及甚至无法想象的世界里。这个想法让人既振奋又害怕。

我们又穿过了以色列和约旦，这片土地上的古老故事长期与现代生活相伴，这时我意识到，父母对于未来的焦虑和不确定并非只属于我这一辈。核武器、飞速的科技创新以及气候变化只是现代生活的不确定性因素，我们的祖先也为我们留下了他们自己的故事，洪水、迁徙、冲突，令他们的未来同样地不可知。我开始用一位等待孩子降生的古代父亲的眼光，来看待这些古老的故事。我突然意识到，我们总是怀着好奇与害怕交杂的心情来看待尚未出世的孩子。他会面对一个怎样的世界？我该怎么让他预备好去面对未知呢？

这些问题永远没法理性地回答，这也是为什么要讲故事的一个原因。它们提供了一定的解释和寓意，帮助我们去面对，甚至敢于去勾画我们的孩子会生活的那个不可知的未来。

在旅行快要结束的时候，我们在内盖夫沙漠的一座帐篷里度过了一晚。帐篷主人向我们讲述了沙漠当地的传说——那些传说已成为《圣经·旧约》中的故事，跨越各个大陆，穿越几千年的时光，塑造了今天的世界。

第二天早晨，太阳很早就升了起来。当帐篷里其他人还在沉睡之时，我爬上一个小土坡，眺望眼前的景色。我可以看见数公里外的景色，却看不见一棵树、一片阴凉、一点水源。太阳刚刚升起，但我知道这会是炎热而难挨的一天。我试着想象自己在这里生存，从这片土地里攫取生机，而它是那么不愿给予。对于内盖夫匮乏的资源，竞争一定很激烈。我的生活是不断地和我的邻居及上天进行斗争，两者都可能会随时结束我的生命。

对于《圣经·旧约》里的人而言，生活在这里是在稀缺中挣扎，这对今天的我们来说是不可想象的。沙漠中如此恶劣的生存状况为他们留下的故事提供了解释和寓意。这些故事是不可或缺的，提供了生命的规则，令生存变得可能，令存在变得有意义。

但他们的现实不是我们的。今天，至少在西方，人类面临的挑战不是稀缺，而是过剩——太多人、太多选择、太多东西、太多浪费。稀缺存在的地方，则是我们道德和想象的失败。正如甘地对现代社会所指出的："地球提供的东西足以满足每个人的需要，却满足不了每个人的贪婪。"

我们不再受上帝和自然的支配，因此需要崭新的神话和对古老神话的全新理解，来指引我们穿越这个同样危险的丰足之地。如果我们不这样做，还依然视消费为最高目标，那么最终可能会发现，我们的未来将和古代内盖夫的生活并无二致。但我们有勾画理想未来的方法，其中最需要的是吸引人的故事，让无数人想要参与其中，努力去抵达他们憧憬的那个未来。

那些古老的沙漠故事里包含着无穷的智慧，这些智慧不应该或许也永远不会被忘记。但如果我们让神话的创造止于那个古老的世纪，我们也就放弃了创造命运的强大工具。多亏了现在那些传播故事和思想的科技，使得我们可以迅速重写故事，这在以前是不可能的事。古老的沙漠故事花了几千年传播到全球，新的故事则可以在一天之内就完成这项壮举。尽管没有一个故事或是故事讲述者可以独立讲出我们需要的神话，但媒体格局的逐渐转变，以及由盲目消费主义的故事转变为公民身份的故事，可以让我们建立起美好未来的根基。

我从那一片贫瘠的瞭望点爬了下来，向营地走去。在靠近营地之时，我听见主人在厨房里做饭的声音，想到等待着我的热茶和丰盛的早餐，心中充满感激。我也无比感激自己身为一名营销人，作为现代的神话创造者，有着用新的阐释、寓意、故事和仪式来塑造未来的能力。

我想象不到比这更有价值的工作了。

故事模型2.0图示

未来，属于终身学习者

我这辈子遇到的聪明人（来自各行各业的聪明人）没有不每天阅读的——没有，一个都没有。巴菲特读书之多，我读书之多，可能会让你感到吃惊。孩子们都笑话我。他们觉得我是一本长了两条腿的书。

——查理·芒格

互联网改变了信息连接的方式；指数型技术在迅速颠覆着现有的商业世界；人工智能已经开始抢占人类的工作岗位……

未来，到底需要什么样的人才？

改变命运唯一的策略是你要变成终身学习者。未来世界将不再需要单一的技能型人才，而是需要具备完善的知识结构、极强逻辑思考力和高感知力的复合型人才。优秀的人往往通过阅读建立足够强大的抽象思维能力，获得异于众人的思考和整合能力。未来，将属于终身学习者！而阅读必定和终身学习形影不离。

很多人读书，追求的是干货，寻求的是立刻行之有效的解决方案。其实这是一种留在舒适区的阅读方法。在这个充满不确定性的年代，答案不会简单地出现在书里，因为生活根本就没有标准确切的答案，你也不能期望过去的经验能解决未来的问题。

湛庐阅读APP：与最聪明的人共同进化

有人常常把成本支出的焦点放在书价上，把读完一本书当作阅读的终结。其实不然。

时间是读者付出的最大阅读成本
怎么读是读者面临的最大阅读障碍
“读书破万卷”不仅仅在“万”，更重要的是在“破”！

现在，我们构建了全新的“湛庐阅读”APP。它将成为你“破万卷”的新居所。在这里：

- 不用考虑读什么，你可以便捷找到纸书、有声书和各种声音产品；
- 你可以学会怎么读，你将发现集泛读、通读、精读于一体的阅读解决方案；
- 你会与作者、译者、专家、推荐人和阅读教练相遇，他们是优质思想的发源地；
- 你会与优秀的读者和终身学习者为伍，他们对阅读和学习有着持久的热情和源源不绝的内驱力。

从单一到复合，从知道到精通，从理解到创造，湛庐希望建立一个“与最聪明的人共同进化”的社区，成为人类先进思想交汇的聚集地，与你共同迎接未来。

与此同时，我们希望能够重新定义你的学习场景，让你随时随地收获有内容、有价值的思想，通过阅读实现终身学习。这是我们的使命和价值。

湛庐阅读APP玩转指南

湛庐阅读APP结构图：

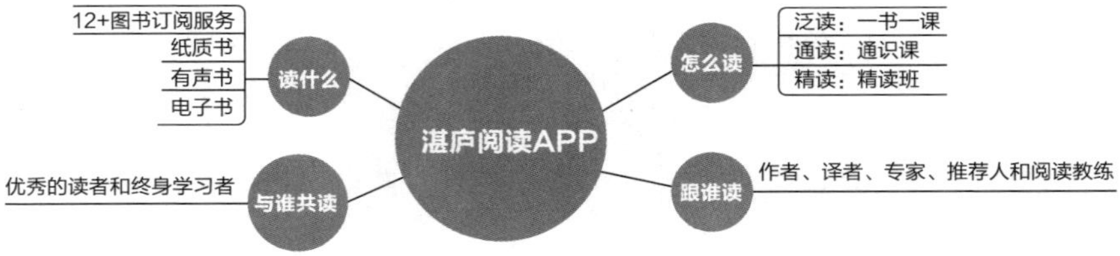

三步玩转湛庐阅读APP：

APP获取方式：

安卓用户前往各大应用市场、苹果用户前往APP Store
直接下载“湛庐阅读”APP，与最聪明的人共同进化！

使用APP扫一扫功能，
遇见书里书外更大的世界！

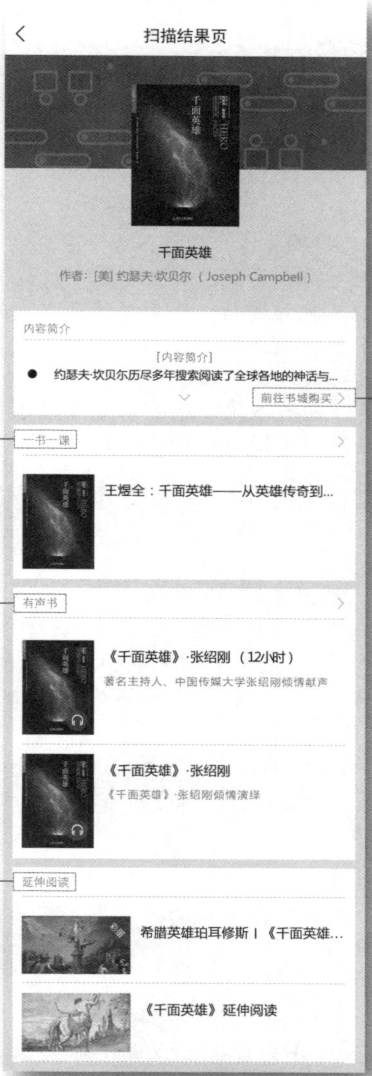

快速了解本书内容，
湛庐千册图书一键购买！

大咖优质课、
献声朗读全本一键了解，
为你读书、讲书、拆书！

你想知道的彩蛋
和本书更多知识、资讯，
尽在延伸阅读！

延伸阅读

《意会时刻》

ISBN 978-7-220-10704-7

◎ 乐高、三星、阿迪达斯、英特尔等国际知名企业都在使用的商业解决方案。

◎ 深入检视商业社会的10大错误假设，颠覆头脑风暴、情景规划法等流行概念！跳脱数据导向型思维，提出全新的商业难题解决方案。

◎《华尔街日报》《金融时报》《书单》，乐高集团CEO约恩·维格·克努德斯托普，杜克企业教育中心CEO迈克尔·坎宁等联袂推荐！

《超市里的原始人》

ISBN 978-7-213-07729-6

◎ 进化心理学应用在消费领域的颠覆性著作，行文幽默诙谐，观点独到精辟，是一本在消费心理学方面具有启示性的大胆著作。

◎ 阐明了混乱的消费主义背后看不见的逻辑，探索了隐藏在人们工作、购物、消费背后的本能，提出了一些让我们成为更快乐的消费者以及更负责任的公民的新方法。

◎ 畅销书《影响力》作者罗伯特·西奥迪尼、畅销书《理性乐观派》作者马特·里德利、畅销书《情绪：情感心理学》作者迪伦·伊文斯联袂推荐。

《影响力》(经典版)

ISBN 978-7-5502-8453-1

◎ 罗伯特·西奥迪尼经典作品，风靡全球30载，已被翻译成26种语言，在全球售出了200万册，并被《财富》杂志评选的75本必读的睿智图书之一。

◎ 被推荐为“人生必读100本书”之一，被引述率高居当今社会心理学之冠！

◎ 对于商业人士以及广大普通读者有深远的意义，教你学会对顺从业人士说“不”，帮助你成为一个真正对他人有影响力的人。

《先发影响力》

ISBN 978-7-5596-0344-9

◎“影响力教父”西奥迪尼时隔30年再度重磅力作。先发影响力，让你在开口之前就奠定胜局！

◎ 市场营销领域30年来真正具有创新性的概念！

◎“股神”沃伦·巴菲特、查理·芒格2017股东大会推荐书籍。一经出版即登顶《纽约时报》《华尔街日报》畅销书排行榜，席卷2016年度各大媒体评选的商业图书推荐榜单，《金融时报》、《战略与经营》杂志、Business Insider等各大媒体一致盛赞。

浙江省版权局
著作权合同登记章
图字:11-2018-497号

图书在版编目(CIP)数据

故事模型 2.0 / (美)乔纳·萨克斯著；戚泽明，边冠男译. — 杭州：浙江人民出版社，2019.3

书名原文：Winning the Story Wars

ISBN 978-7-213-09109-4

Ⅰ. ①故… Ⅱ. ①乔… ②戚… ③边… Ⅲ. ①广告学—通俗读物 Ⅳ. ① F713.80-49

中国版本图书馆 CIP 数据核字 (2019) 第 029772 号

上架指导：商业思维

故事模型 2.0

[美] 乔纳·萨克斯　著

戚泽明　边冠男　译

出版发行：浙江人民出版社（杭州体育场路 347 号　邮编　310006）

市场部电话：(0571) 85061682　85176516

集团网址：浙江出版联合集团　http://www.zjcb.com

责任编辑：方　程

责任校对：杨　帆

印　　刷：石家庄继文印刷有限公司

开　　本：720mm × 965mm 1/16　　印　　张：17.75

字　　数：209 千字

版　　次：2019 年 3 月第 1 版　　印　　次：2019 年 3 月第 1 次印刷

书　　号：ISBN 978-7-213-09109-4

定　　价：79.90 元

如发现印装质量问题，影响阅读，请与市场部联系调换。